The 바른 프랑스어 STEP 1

초 판 인 쇄	2017년 03월 01일
2 판 1 쇄	2023년 11월 01일
지 은 이	김선미 · 원승재
펴 낸 이	임승빈
편집책임	정유항, 김하진
편집진행	강미정
디 자 인	다원기획
마 케 팅	염경용, 이동민, 이서빈
펴 낸 곳	ECK북스
주 소	서울시 마포구 창전로2길 27 [04098]
대표전화	02-733-9950
홈 페 이 지	www.eckbooks.kr
이 메 일	eck@eckedu.com
등록번호	제 2020-000303호
등록일자	2000. 2. 15
I S B N	979-11-6877-332-5
	978-89-92281-44-7 (세트)
정 가	15,000원

* ECK북스는 (주)이씨케이교육의 도서출판 브랜드로, 외국어 교재를 전문으로 출판합니다.
* 이 책의 모든 내용, 디자인, 이미지 및 구성의 저작권은 ECK북스에 있습니다.
* 출판사와 저자의 사전 허가 없이 이 책의 일부 또는 전부를 복제, 전재, 발췌하면 법적 제재를 받을 수 있습니다.
* 잘못된 책은 구입하신 서점에서 교환해 드립니다.

프랑스어

김선미 · 원승재 지음

STEP 1

머리말

국제화 시대를 살고 있는 우리에게 이제 영어는 필수가 된 지 오래됐다. 이런 현실에서 영어가 아닌 제2외국어를 습득한다는 것은 자신을 차별화시키는 일일 뿐만 아니라, 희소가치가 있기 때문에 틈새시장에서 각광 받을 수 있다.

그런데 왜 프랑스어여야 할까? 다양한 외국어 중 프랑스어는 5개 대륙 40여 개국에서 광범위하게 통용되는 언어로, 약 3억명의 인구가 사용한다. 유엔이나 유네스코, 올림픽 대회 등 국제 무대에서 공식적인 국제·외교 언어의 위상을 지키고 있을 뿐만 아니라, 문화, 예술, 교양, 사교어로써 활용 가치도 매우 높다. 이러한 프랑스어를 기초부터 배우고자 하는 학습자들을 위해, 기본 표현 및 회화, 문법을 단계별로 습득할 수 있도록 다양한 코너를 마련했다. 언어 학습뿐만 아니라 프랑스의 생활 문화를 함께 다루어서 프랑스에 더욱 친숙해질 수 있도록 구성했다.

〈더 바른 프랑스어 STEP 1〉은 더욱 효율적인 학습 효과를 위해서 크게 I부와 II부로 나누었다. I부(1~7과)에서는 알파벳부터 기본적인 학습을 할 수 있도록 기초 회화 파트를 준비했고, II부(8~17과)에서는 실용 학습을 할 수 있는 상황 회화 파트를 마련했다. 또한 한국어 음성 표기와 함께 원어민 녹음을 수록하여 학습의 편의성을 높였다. 각 과의 내용을 살펴보면 Audition에서는 꼭 알아야 할 표현을 미리 들으면서 먼저 익힐 수 있고, Voca에서는 본문에 나오는 핵심 어휘와 표현을 자세히 익히고, 다음으로 본문 회화문과 문법을 학습하는 순서로 구성했다. 또한 I부에 '발음 Tip' 코너가 있어서 프랑스어 발음을 쉽고 빠르게 익힐 수 있는 규칙을 제시하였고, '오늘의 한마디' 코너를 통해 본문에서 다루지 못한 실용적인 회화와 표현 한마디를 배워볼 수 있다. II부의 '생생 프랑스 정보'에서는 프랑스 방문이나 여행 때 유용한 정보를 실었다. 또한 '한국 속 프랑스어' 코너에서는 우리의 일상생활 속에서 사용되는 프랑스어 예시를 통해 일상에서 얼마나 많은 프랑스어가 알게 모르게 사용되는지를 재미있게 풀어 보았다.

이 교재를 구성하는 기본 요소는 필요에 따라서 약어를 사용하여 표기했다. 우선 프랑스어에서는 남성과 여성 어휘를 구분하여 쓰는데, 처음 학습하는 학습자를 위해서 약호로 표시해 보여주었다. 본문에 나오는 어휘는 따로 사전을 찾지 않고도 정확한 정보를 알 수 있도록 하기 위해서 품사를 표기했다. 또한 알파벳부터 시작하는 첫걸음 교재이기 때문에 아직 발음에 익숙하지 않은 학습자를 위해서 발음을 참고할 수 있도록 한글로 발음을 병기했다. 다만 한글 발음은 참고하는 용도로만 사용하고, 정확한 발음은 원어민 녹음을 들으면서 익히길 바란다.

ⓜ	남성 명사	n	명사
ⓕ	여성 명사	pl	복수
adv	부사	동사	별도로 품사를 표시하지 않았다.
adj	형용사		

　독자 여러분이 〈더 바른 프랑스어 STEP 1〉을 통해 프랑스어에 흥미를 느끼고 '나도 프랑스어를 할 수 있다'는 자신감을 갖게 된다면 이 책의 소임을 다했다고 생각한다. 아무쪼록 이 책이 프랑스어와 더욱 가까워지고자 하는 여러분들에게 좋은 길잡이가 되기를 바라며 힘찬 응원을 보낸다.

김선미 · 원승재

이 책의 구성과 특징

프랑스어를 처음 접하는 학습자들이 최대한 쉽고 효율적으로 다가갈 수 있도록 학습 순서를 고안했습니다. 각 과는 순차적으로 학습할 수 있도록 크게 6개 코너로 구성되어 있어서, 교재를 따라서 꾸준한 학습을 하다 보면 어느새 기초를 마스터할 수 있습니다.

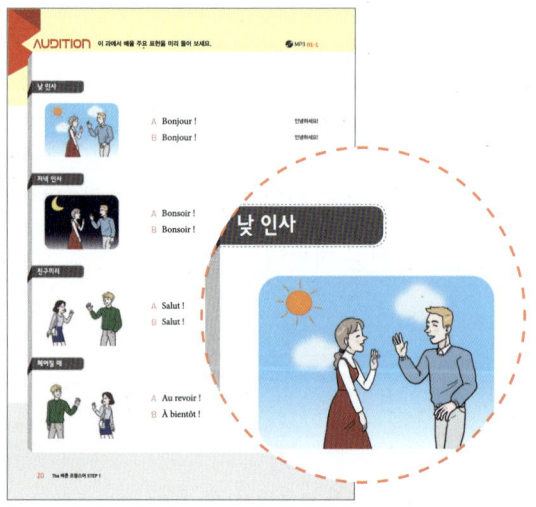

AUDITION

각 과에서 새로 배울 주요 표현 및 문법 사항을 미리 들어보는 코너입니다. 딱딱한 문법 등을 문자로 학습하기 전에 원어민 발음을 반복해서 듣고 따라하면서 말소리 자체에 익숙해지는 단계입니다.

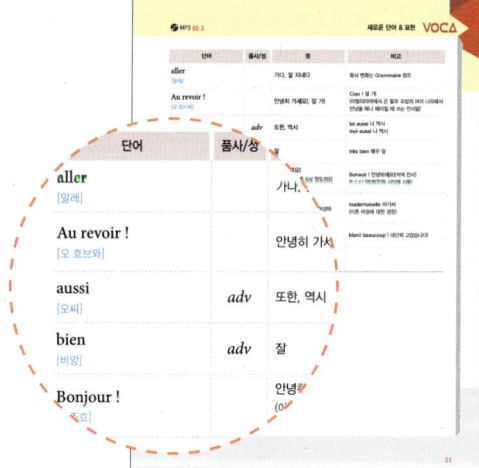

VOCA

새로 나오는 단어와 표현을 풀이한 코너입니다. 뜻풀이뿐만 아니라 동의어, 반의어, 문법 사항, 기타 참고 사항 등을 함께 보여줘 단순 암기가 아니라 제대로 이해할 수 있도록 정리했습니다. 또한 사전을 따로 찾지 않도록 품사·성을 약호로 표기했습니다.

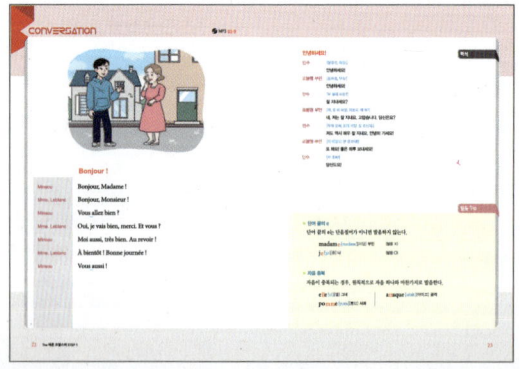

CONVERSATION

본문 회화문 코너입니다. 녹음을 들으면서 상황에 맞는 대화문과 해석을 함께 볼 수 있습니다. 아직 프랑스어 읽기와 발음에 익숙하지 않은 학습자를 위해서 '연음' 해야 할 발음에는 ‿로 표시하였고, 해석과 함께 한글 발음을 표기했다. 또한 I 부(1~7과)에서는 '발음 TIP' 코너, II 부(8~17과)에서는 '어휘&표현 플러스' 코너가 있어서 추가 정보를 학습할 수 있습니다.

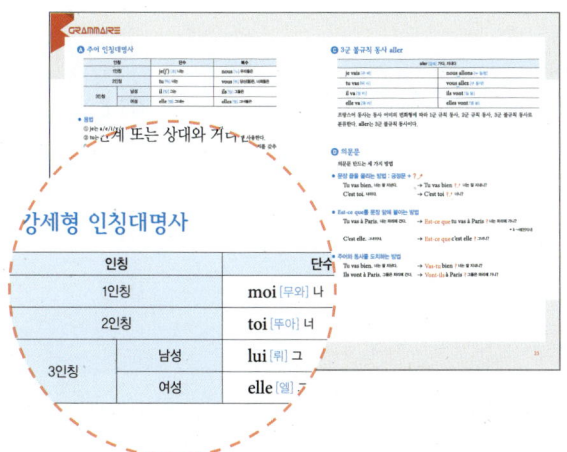

GRAMMAIRE

본문 속에 나오는 주요 문법 사항과 함께 기타 중요한 학습 내용을 자세히 정리했습니다. 확실하게 이해할 수 있도록 가능한 한 많은 예문을 제시했습니다.

EXERCICES

학습자가 직접 문제를 풀면서 복습하는 코너입니다. 듣기, 쓰기, 문법, 말하기 등 영역별로 골고루 문제를 접할 수 있도록 했습니다.

오늘의 한마디 - I 부 / 생생 프랑스 정보 - II 부

I 부 : 본문 내용의 이해를 돕고 관련 추가 학습을 할 수 있도록, 구체적인 부연 설명과 추가 표현 등을 실었습니다.

II 부 : 외국어를 학습한다는 것은 그 나라의 말과 문자를 배우는 것이지만, 기본적인 현지 생활문화 정보를 함께 알면 더욱 가깝게 느껴집니다. 이 코너에서는 현지 생활 정보와 함께 우리의 일상 속에 흔히 쓰이고 있는 프랑스어를 재미있게 알아보는 '한국 속 프랑스어' 를 소개했습니다.

CONTENUS

프랑스어의 알파벳과 발음 ·· 011

Ⅰ부

Leçon 01 Bonjour ! 안녕하세요! ·· 019
• 주어 인칭대명사 • 강세형 인칭대명사 • 3군 불규칙 동사 aller • 의문문

Leçon 02 Tu parles français ? 너는 프랑스어를 할 줄 아니? ································ 029
• 1군 규칙 동사 • 부정문

Leçon 03 Comment t'appelles-tu ? 너는 이름이 뭐니? ·· 039
• 의문부사 • 1군 동사 변칙형 : s'appeler • être 동사 • 명사(1)

Leçon 04 Quel âge as-tu ? 너는 몇 살이니? ·· 049
• 의문형용사 • avoir 동사 • 소유형용사 • 근접미래

Leçon 05 Qui est-ce ? 누구니? ·· 059
• 의문대명사 qui • 관사 • 형용사(1) • 근접과거

Leçon 06 Qu'est-ce que tu aimes ? 너는 무엇을 좋아하니? ···································· 069
• 형용사(2) • 의문대명사 que • 보어 인칭대명사

Leçon 07 Où vas-tu ? 너 어디 가니? ·· 079
• 중성대명사 y / en • 축약관사 • 명사(2)

Ⅱ부

Leçon 08 Entrée en France 프랑스로 입국 ·· 089
• 명령문 • combien de ~ • 전치사+국명

Leçon 09 À la douane 세관에서 ·· 099
• 부정형용사 • 준조동사 • avoir 동사+무관사 명사

| Leçon 10 | **Demander son chemin** 길 묻기 | 109 |

· 장소 표현 전치사 · 대명동사

| Leçon 11 | **À la gare** 기차역에서 | 119 |

· 단순 미래 · tout의 용법

| Leçon 12 | **Au restaurant** 레스토랑에서 | 129 |

· 반과거 · 선호도 표현 동사 · 지시형용사

| Leçon 13 | **À l'hôtel** 호텔에서 | 139 |

· 조건법 현재 · 가격 표현 · Il y a 구문

| Leçon 14 | **Au magasin** 가게에서 | 149 |

· 복합과거 · 찬성·반대 표현

| Leçon 15 | **À l'épicerie** 식료품 가게에서 | 159 |

· 비교급 · 최상급

| Leçon 16 | **À la police** 경찰서에서 | 169 |

· 현재분사 · 제롱디프

| Leçon 17 | **À la poste** 우체국에서 | 179 |

· 관계대명사 qui / que · 관계대명사 dont / où · 전치사 en

부록

연습문제 정답 & 듣기 Script ·············· 190
그림 단어장 ·············· 200

프랑스어의 알파벳과 발음

Alphabet Français et Prononciation

A 알파벳 l'alphabet

프랑스어의 알파벳은 26개인데, 영어와 모양은 같지만 발음이 다른 것도 있고, 모양도 다르고 발음도 다른 것도 있다. 각 알파벳의 이름과 발음을 정확히 익히는 것부터 시작하자.

알파벳	발음기호	한국어 표기	기타
A	[a]	[아]	
B	[be]	[베]	윗입술과 아랫입술이 동시에 닿아야 한다.
C	[se]	[쎄]	
D	[de]	[데]	
E	[ə]	[으]	
F	[ɛf]	[에프]	윗니가 아랫입술에 닿으며 바람 소리를 낸다.
G	[ʒe]	[제]	
H	[aʃ]	[아슈]	
I	[i]	[이]	입술을 양쪽으로 당기며 발음한다.
J	[ʒi]	[지]	턱을 앞으로 내밀며 발음한다.
K	[ka]	[까]	[ㅋ]가 아닌 [ㄲ]에 가깝게 발음한다.
L	[ɛl]	[엘]	
M	[ɛm]	[엠]	
N	[ɛn]	[엔]	
O	[o]	[오]	
P	[pe]	[뻬]	
Q	[ky]	[뀌]	입술을 오므리고 오리처럼 입을 앞으로 내밀며 발음한다.
R	[ɛːk]	[에~흐]	가래 끓는 소리처럼 목 깊은 곳에서 [에]는 길게, [흐]는 짧게 발음한다.
S	[ɛs]	[에쓰]	
T	[te]	[떼]	
U	[y]	[위]	입 모양은 '우', 소리는 [이]로 발음한다.
V	[ve]	[베]	
W	[dubləve]	[두불르베]	
X	[iks]	[익쓰]	

Y	[ig*k*ɛk]	[이그헥끄]			
Z	[zɛd]	[제드]			

Ⓑ 구강모음

각 알파벳에 따른 기본적인 발음 규칙만 잘 알고 있으면, 규칙에 따라 발음하면 된다.

알파벳	발음	예시			기타
a/à	[a] [아]	arbre	[a*k*b*k*] [아흐브흐]	나무	입 앞에서 [아]
		là	[la] [라]	저기, 거기	
a/â	[ɑ] [아]	chat	[ʃɑ] [샤]	고양이	크게 목구멍을 열고 [아]
		âme	[aːm] [암므]	영혼	
e/é	[e] [에]	et	[e] [에]	그리고	입술을 양쪽으로 당겨 소리 내는 닫힌 음
		été	[ete] [에떼]	여름	
e/è/ê ai/ei	[ɛ] [에]	jet	[dʒɛt] [제]	제트 비행기	입을 크게 열고 소리 내는 열린 음
		mère	[mɛːk] [메흐]	어머니	
		être	[ɛt*k*] [에트흐]	이다	
		mais	[mɛ] [메]	그러나	
		neige	[nɛːʒ] [네쥬]	눈	
i/y/î	[i] [이]	il	[il] [일]	그는	입술 끝을 좌우로 당긴다.
		type	[typ] [띠쁘]	유형, 타입	
		île	[il] [일]	섬	

철자	발음기호	예시	발음	뜻	비고
o au	[ɔ] [오]	homard	[ɔmaːk] [오마흐]	바다가재	[오]와 [어]의 중간 소리
		auteur	[otœːk] [오뙤흐]	창조자	
o/ô au eau	[o] [오]	toaster	[toste] [또스떼]	빵을 굽다	[ɔ]보다 입을 작게 벌린다.
		hôte	[oːt] [오뜨]	주인	
		autre	[oːtr] [오뜨흐]	다른	
		eau	[o] [오]	물	
ou/où	[u] [우]	vous	[vu] [부]	당신	
		où	[u] [우]	어디에	
u/û	[y] [위]	tu	[ty] [뛰]	너는	입 모양은 '오' 소리는 [이]
		flûte	[flyt] [플뤼뜨]	플루트	
eu œu	[œ] [외]	seul	[sœl] [쐴]	혼자인	
		sœur	[sœːk] [쐬흐]	누나, 여동생	
eu/eû œu	[ø] [으]	feu	[fø] [프]	불	
		jeûne	[ʒøːn] [즌느]	단식	
		vœu	[vø] [브]	소원	
e	[ə] [으]	de	[də] [드]	~의	
ay	[ɛj] [에]	payant	[pɛjɑ̃] [뻬이엉]	지불하는	
oy	[waj] [와]	voyage	[vwajːʒ] [부와이아쥬]	여행	
uy	[ɥi] [위이]	appuyer	[apɥije] [아쀠이에]	받치다, 의지하다	
oi	[uwa] [우아]	moi	[mwa] [무아]	자아	

ⓒ 비모음

[모음 + m/n]은 코를 울려 발음한다.

모음 + m/n	발음	예시		
an/am/en/em	[ã] [엉]	an	[ã] [엉]	년, 해
		lampe	[lã:p] [렁쁘]	전등
		enfant	[ãfã] [엉펑]	어린이
		temps	[tã] [떵]	시간, 때
in/im/ym ain/aim/ein	[ɛ̃] [엥]	vin	[vɛ̃] [벵]	포도주
		impossible	[ɛ̃pɔsibl] [엥뽀씨블]	불가능한
		sympa	[sɛ̃pa] [쎙빠]	호감을 주는
		main	[mɛ̃] [멩]	손
		faim	[fɛ̃] [펭]	굶주림
		sein	[sɛ̃] [쎙]	가슴
on/om	[ɔ̃] [옹]	ongle	[ɔ̃:gl] [옹글르]	손톱, 발톱
		nom	[nɔ̃] [농]	이름, 성
un/um	[œ̃] [앵]	brun	[brœ̃] [브헹]	갈색의
		parfum	[pakfœ̃] [빠흐팽]	향수
oin	[wɛ̃] [웽]	moins	[mwɛ̃] [무웽]	~이하의

D 반모음(반자음)

연속되는 모음 앞에서 완전한 모음으로 발음하지 못하고, 모음과 자음의 중간음을 내므로 '반모음' 또는 '반자음'이라고 한다. [ɥ]는 [위]를, [w]는 [우]를, [j]는 [이]를 짧게 발음한 다음 모음과 연결해서 발음하면 된다.

반모음	발음	예시		
u	[ɥ] [위]	lui	[lɥi] [뤼]	그
		nuit	[nɥi] [뉘]	밤
ou	[w] [우]	oui	[wi] [위]	네
		Louis	[lwi] [루이]	(이름) 루이
i	[j] [이]	piano	[pjano] [삐아노]	피아노
		pied	[pje] [삐에]	발

E 자음

영어와 같은 발음을 가지고 있는 알파벳이 대부분이지만, 일부 자음은 발음이 전혀 다르므로, 발음 규칙을 제대로 익혀 두어야 한다.

① 단어의 마지막 자음은 발음하지 않는 것이 원칙이다.

      grand[gʁɑ̃] 큰   **petit**[pəti] 작은
        [그헝]   [쁘띠]

단, c/r/f/l/q는 대체로 발음한다.

      neuf[nœf] 9   **fleur**[flœːʁ] 꽃
        [뇌프]   [플뢰흐]

그러나, tabac와 같이 예외적으로 발음이 안 되는 단어도 있다.

      tabac[taba] 담배   **blanc**[blɑ̃] 흰
        [따바]   [블렁]

② c와 g는 뒤에 오는 a/o/u 또는 e/i에 따라 두 가지로 발음한다. MP3 0-06

알파벳	뒤에 따라오는 모음	발음	예시		
c	+ a/o/u	[k] [ㄲ]	café	[kafe] [까페]	커피
			coca	[kɔka] [꼬까]	콜라
			cube	[kyb] [뀨브]	정육면체
	+ e/i	[s] [ㅆ]	ceci	[səsi] [쓰씨]	이것
			ici	[isi] [이씨]	여기에
g	+ a/o/u	[g] [ㄱ]	gare	[gaːʀ] [갸흐]	정거장, 역
			goal	[goːl] [골]	골, 득점
			guitare	[gitaːʀ] [기따흐]	기타
	+ e/i	[ʒ] [ㅈ]	âge	[ɑ[a]ːʒ] [아쥬]	나이
			gigot	[ʒigo] [쥐고]	넓적다리

③ 영어 발음과 다른 특별한 자음은 암기해야 한다. MP3 0-07

자음	발음	예시		
ch	[ʃ] [슈]	chance	[ʃɑ̃ːs] [셩스]	행운
h h는 언제나 발음되지 않는 묵음이다. 그러나 문법상 유음 h와 무음 h로 구분하여 사용한다.	유음일 경우는 축약, 연음이 불가능하다.	les héros	[le eʀo] [레 에호]	영웅들
	무음일 경우는 축약, 연음이 가능하다.	les‿hommes	[le ɔm] [레 좀무]	남자들
ill + 모음	원칙적으로 [ij] [이으]	famille	[famij] [파미으]	가족
gn	[ɲ] [뉴]	montagne	[mɔ̃taɲ] [몽따뉴]	산

qu + 모음	[k] [끄]	qui	[ki] [끼]	누구
ç	[s] [쓰]	ça	[sa] [싸]	이것
ph	[f] [프]	photo	[fɔto] [포또]	사진
자음 + ti	[tj] [띠]	question	[kɛstjɔ̃] [께스띠옹]	질문
모음 + ti	[sj] [씨]	natation	[natasjɔ̃] [나따씨옹]	수영

F 연음 규칙

첫 번째 단어가 발음되지 않는 자음으로 끝나고, 두 번째 단어가 모음이나 무음 h로 시작하는 단어가 올 때 연음이 일어난다.

les amis [레 자미] 친구들

MP3 0-08

① 연음하지 않는 경우
- 명사 주어 + 동사   Boulet arrive [블레 아히브]   블레는 도착한다.
- 접속사 et 다음   toi et elle [뚜아 에 엘]   너와 그녀
- 유음 h 앞   les héros [레 에호]   영웅들
- oui 앞   Mais oui. [메 위.]   그렇고 말고요.

MP3 0-09

② 연음할 때 발음 변화 주의
- s/x → z [ㅈ]   trois ans [트후와 정]   3살
                six ans [씨 정]   6살
- d → t [ㄸ]   quand on [껑 똥]   언제 사람들이~
- f → v [ㅂ]   neuf heures [네 뵈흐]   9시

Leçon 01

Bonjour !
안녕하세요!

학습 포인트
처음 만난 프랑스 사람에게 프랑스어로 인사를 건네면 상대가 더욱 친근하게 다가오겠죠? aller 동사와 함께 상황에 따른 인사법을 배워 보겠습니다.

주요 문법
- 주어 인칭대명사
- 강세형 인칭대명사
- 3군 불규칙 동사 aller
- 의문문

AUDITION

이 과에서 배울 주요 표현을 미리 들어 보세요. MP3 01-1

낮 인사

A Bonjour ! 안녕하세요!
B Bonjour ! 안녕하세요!

저녁 인사

A Bonsoir ! 안녕하세요!
B Bonsoir ! 안녕하세요!

친구끼리

A Salut ! 안녕!
B Salut ! 안녕!

헤어질 때

A Au revoir ! 안녕히 가세요!
B À bientôt ! 또 봐요!

새로운 단어 & 표현 VOCA

단어	품사/성	뜻	비고
aller [알레]		가다, 잘 지내다	동사 변화는 Grammaire 참조
Au revoir ! [오 흐브와]		안녕히 가세요!, 잘 가!	Ciao ! 잘 가! (이탈리아어에서 온 말로 유럽의 여러 나라에서 만났을 때나 헤어질 때 쓰는 인사말)
aussi [오씨]	*adv*	또한, 역시	toi aussi 너 역시 moi aussi 나 역시
bien [비앙]	*adv*	잘	très bien 매우 잘
Bonjour ! [봉쥬흐]		안녕하세요! (아침부터 오후 6시 정도까지 사용)	Bonsoir ! 안녕하세요!(저녁 인사) Salut ! 안녕!(친한 사이에 사용)
madame [마담]		부인 (기혼 여성 또는 중년 여성에 대한 경칭)	mademoiselle 아가씨 (미혼 여성에 대한 경칭)
merci [메흐씨]		고맙습니다, 고마워	Merci beaucoup ! 대단히 고맙습니다!
monsieur [무슈]		~씨 (남성에 대한 형식적인 경칭)	

CONVERSATION

Bonjour !

Minsou	Bonjour, Madame !
Mme. Leblanc	Bonjour, Monsieur !
Minsou	Vous allez bien ?
Mme. Leblanc	Oui, je vais bien, merci. Et vous ?
Minsou	Moi aussi, très bien. Au revoir !
Mme. Leblanc	À bientôt ! Bonne journée !
Minsou	Vous aussi !

해석

안녕하세요!

민수 [봉쥬흐, 마담!]
안녕하세요!

르블렝 부인 [봉쥬흐, 무슈!]
안녕하세요!

민수 [부 잘레 비앙?]
잘 지내세요?

르블렝 부인 [위, 쥬 베 비앙, 메흐씨. 에 부?]
네, 저는 잘 지내요. 고맙습니다. 당신은요?

민수 [무와 오씨, 트레 비앙. 오 흐브와!]
저도 역시 매우 잘 지내요. 안녕히 가세요!

르블렝 부인 [아 비앙또! 본 쥬흐네!]
또 봐요! 좋은 하루 보내세요!

민수 [부 조씨!]
당신도요!

발음 Tip

- **단어 끝의 e**

단어 끝의 e는 단음절어가 아니면 발음하지 않는다.

madame [madam] [마담] 부인   (발음 X)
je [ʒə] [쥬] 나   (발음 O)

- **자음 중복**

자음이 중복되는 경우, 원칙적으로 자음 하나와 마찬가지로 발음한다.

elle [ɛl] [엘] 그녀   attaque [atak] [아따끄] 공격
pomme [pɔm] [뽐므] 사과

GRAMMAIRE

Ⓐ 주어 인칭대명사

인칭		단수	복수
1인칭		je(j') [쥬] 나는	nous [누] 우리들은
2인칭		tu [뛰] 너는	vous [부] 당신(들)은, 너희들은
3인칭	남성	il [일] 그는	ils [일] 그들은
	여성	elle [엘] 그녀는	elles [엘] 그녀들은

● 용법
① je는 a/e/i/y/o/u 또는 무음 h로 시작하는 동사 앞에서 j'로 쓴다.
② tu는 가족이나 친구, 동료 사이 또는 나이 차이가 있어도 서로 잘 알고 있을 때 사용한다.
③ vous는 tu의 복수형(너희들)이면서 존칭으로 '당신', '당신들'의 뜻도 있다. 서로 예의를 갖추어야 하는 관계 또는 상대와 거리감이 있는 경우에 사용한다.

Ⓑ 강세형 인칭대명사

인칭		단수	복수
1인칭		moi [무와] 나	nous [누] 우리
2인칭		toi [뚜아] 너	vous [부] 너희들, 당신(들)
3인칭	남성	lui [뤼] 그	eux [외] 그들
	여성	elle [엘] 그녀	elles [엘] 그녀들

● 용법
① 인칭대명사를 강조할 때 사용한다.
   Moi, je suis Anne. 나, 나는 안이야.
② c'est와 함께 사용한다.
   C'est moi. 저예요.
③ avec/pour/de/à 전치사 뒤에 사용한다.
   pour moi 나를 위해
④ 동사 없이 단독으로 사용한다.
   Et toi ? 너는?

ⓒ 3군 불규칙 동사 aller

aller [알레] 가다, 지내다	
je vais [쥬 베]	nous allons [누 잘롱]
tu vas [뛰 바]	vous allez [부 잘레]
il va [일 바]	ils vont [일 봉]
elle va [엘 바]	elles vont [엘 봉]

프랑스어 동사는 동사 어미의 변화형에 따라 1군 규칙 동사, 2군 규칙 동사, 3군 불규칙 동사로 분류한다. aller는 3군 불규칙 동사이다.

Ⓓ 의문문

의문문 만드는 세 가지 방법

- **문장 끝을 올리는 방법 : 긍정문 + ? ↗**

  Tu vas bien. 너는 잘 지낸다. → Tu vas bien ? ↗ 너는 잘 지내니?
  C'est toi. 너이다. → C'est toi ? ↗ 너니?

- **Est-ce que를 문장 앞에 붙이는 방법**

  Tu vas à Paris. 너는 파리에 간다. → Est-ce que tu vas à Paris ? 너는 파리에 가니?

  * à ~에(전치사)

  C'est elle. 그녀이다. → Est-ce que c'est elle ? 그녀니?

- **주어와 동사를 도치하는 방법**

  Tu vas bien. 너는 잘 지낸다. → Vas-tu bien ? 너는 잘 지내니?
  Ils vont à Paris. 그들은 파리에 간다. → Vont-ils à Paris ? 그들은 파리에 가니?

EXERCICES

1. 다음 명사에 알맞은 주어 인칭대명사를 써보세요.

   (1) Mina → _____

   (2) Jean → _____

   (3) Mina et Jean → _____

   (4) Sophie et Mina → _____

   (5) le livre → _____

2. 주어 인칭대명사에 해당하는 강세형 인칭대명사를 서로 연결해 보세요.

   (1) Il   •   • Eux

   (2) Vous   •   • Elles

   (3) Elles   •   • Vous

   (4) Ils   •   • Lui

   (5) Je   •   • Moi

3. 다음 문장을 프랑스어로 써보세요.

   (1) 당신은 파리에 갑니까? [주어와 동사를 도치하는 의문문]
   ▶ _____

   (2) 고맙습니다.
   ▶ _____

   (3) 또 봐요!
   ▶ _____

   (4) 좋은 하루 보내세요!
   ▶ _____

   (5) 나, 나는 안이야.
   ▶ _____

4. 녹음을 듣고 빈칸에 알맞은 말을 써보세요.   MP3 01-4

(1) _____ ! Monsieur.

(2) Je vais _____ , merci. Et _____ ?

(3) Moi _____ , très bien.

(4) À bientôt ! _____ journée !

(5) _____ aussi !

5. 다음 그림을 보고 상황에 맞게 말해 보세요.

(1) 헤어질 때 인사 :
_____

(2) 감사 인사 :
_____

(3) 친구끼리 인사 :
_____

(4) 낮 인사 :
_____

(5) 저녁 인사 :
_____

27

오늘의 한마디

• 인사 표현 •

공적인 자리나 처음 만났을 때는 일반적으로 악수를 한다. 나이 많은 사람이나 여성이 악수를 먼저 청하는 것이 일반적인 관례이지만, 친한 사이가 되면 비즈bise를 한다. 비즈는 상대의 볼에 자신의 볼을 갖다 대고 입으로 '쪽~' 하는 소리를 내면서 친근감을 표현하는 인사법이다. 비즈를 하는 횟수는 지역마다 다르지만, 일반적으로 두 번 정도 하며, 젊은이들 사이에서는 처음 소개 받은 친구와도 자연스럽게 비즈를 하기도 한다. 이럴 경우 당황하지 말고 비즈를 하며 인사말을 건네보자.

● 전치사 à를 이용한 인사 표현　　　　　　　　　　　　　　　MP3 **01-5**

　　À bientôt !　　　　　　　나중에 봐요!
　　À tout à l'heure !　　　　조금 후에 봐요!
　　À demain !　　　　　　　내일 봐요!

● 형용사 bon/bonne를 이용한 인사 표현　　　　　　　　　　　MP3 **01-6**

　　Bon week-end !　　　　　좋은 주말 보내세요!
　　Bon voyage !　　　　　　좋은 여행 하세요!
　　Bon anniversaire !　　　　생일 축하해요!
　　Bonne journée !　　　　　좋은 하루 보내세요!

Leçon 02

Tu parles français ?

너는 프랑스어를 할 줄 아니?

학습 포인트

사람을 만나서 처음 대화를 시작할 때 우선 묻는 것이 프랑스 말을 할 줄 아는지 어디서 왔는지 무엇을 하는지 등입니다. 이번에는 말문을 떼기 위한 기본 표현을 배워 보겠습니다.

주요 문법
- 1군 규칙 동사
- 부정문

AUDITION
이 과에서 배울 주요 표현을 미리 들어 보세요.

MP3 02-1

국적 말하기

A Tu es français ?   너는 프랑스인이니?
B Oui, je suis français.   응, 나는 프랑스인이야.

A Vous êtes japonaise ?   당신은 일본인입니까?
B Non, je ne suis pas japonaise.   아니요, 저는 일본인이 아닙니다.
    Je suis coréenne.   저는 한국인입니다.

사는 곳 말하기

A Où habitez-vous ?   당신은 어디 사세요?
B J'habite à Lyon.   저는 리옹에 살아요

외국어 말할 수 있는지 물어보기

A Tu parles français ?   너는 프랑스어로 말할 수 있니?
B Oui, je parle un peu français.   응, 나는 프랑스어를 조금 해.

새로운 단어 & 표현 VOCA

단어	품사/성	뜻	비고
chinois [쉬누와]	n ⓜ	중국인	– 남성명사에 e를 붙여 여성명사를 만드는 국적 명사
coréen [꼬헤앙]	n ⓜ	한국인	(아래 표 참조)
être de [에트흐 드]		~의 출신이다	Je suis de Paris. 나는 파리 출신이에요. = 나는 파리에서 왔어요.
habiter [아비떼]		거주하다, 살다	– 동사 변화는 Grammaire 참조 – habiter à + 도시명: ~에 살다 　J'habite à Séoul. 나는 서울에 거주한다.
parler [빠흘레]		말하다	– 동사 변화는 Grammaire 참조 – parler à: ~에게 말하다 　parler de: ~대하여 말하다

남성명사에 e를 붙여 여성명사를 만드는 국적 명사:

남성형	여성형	뜻
français	française	프랑스 사람
anglais	anglaise	영국 사람
allemand	allemande	독일 사람
américain	américaine	미국 사람
chinois	chinoise	중국 사람
espagnol	espagnole	스페인 사람
japonais	japonaise	일본 사람

남성명사가 en으로 끝날 경우 ne를 붙여 여성명사를 만드는 국적 명사:

남성형	여성형	뜻
coréen	coréenne	한국 사람
algérien	algérienne	알제리 사람
canadien	canadienne	캐나다 사람
italien	italienne	이탈리아 사람

CONVERSATION

Tu parles français ?

Sophie	Minsou, tu es chinois ?
Minsou	Non, je ne suis pas chinois. Je suis coréen.
Sophie	Ah bon ? Tu parles bien français !
Minsou	Merci beaucoup. Tu es de Paris ?
Sophie	Oui, je suis de Paris.
	Mais j'habite à Lyon. Et toi ?
Minsou	Moi aussi, j'habite à Lyon.

너는 프랑스어를 할 줄 아니?

소피 [민수, 뛰 에 쉬누와?]
민수야, 너는 중국인이니?

민수 [농, 쥬 느 쉬 빠 쉬누와. 쥬 쉬 꼬헤앙.]
아니, 나는 중국인이 아니야. 나는 한국인이야.

소피 [아 봉? 뛰 빠흘르 비앙 프헝쎄!]
정말? 너는 프랑스어를 잘하는구나!

민수 [메흐씨 보꾸. 뛰 에 드 빠히?]
정말 고마워. 너는 파리 출신이니?

소피 [위, 쥬 쉬 드 빠히. 메 자비뜨 아 리용. 에 뚜아?]
응, 나는 파리 출신이야. 그런데 나는 리옹에 살아. 너는?

민수 [무아 오씨, 자비뜨 아 리용.]
나도 그래, 나도 리옹에 살아.

■ 철자 기호 [¨]

[¨] 기호는 tréma[트헤마]라고 읽는다. 이것은 e/i/u 위에 붙여 ë/ï/ü 형태로 쓴다. 프랑스어의 철자 기호 중 하나로 연속된 두 모음이 각기 따로 발음될 경우, 두 번째 모음 위에 붙인다.

maïs [마이쓰] 옥수수 　　 noël [노엘] 성탄절

Saül [싸윌] (성서에서) 사울

GRAMMAIRE

A 1군 규칙 동사

동사 어미가 **er**로 끝나는 동사를 '1군 규칙 동사'라고 한다. 1군 규칙 동사는 어미 –er을 없애고 그 자리에 인칭에 따라 –e/–es/–e/–ons/–ez/–ent를 붙여 동사를 변화시킨다. –e/–es/–e/–ent는 발음하지 않는다.

인칭대명사	동사 어미 변화	인칭대명사	동사 어미 변화
je	–e	nous	–ons
tu	–es	vous	–ez
il/elle	–e	ils/elles	–ent

● **용법**

현재시제는 말하고 있는 순간에 벌어지고 있는 일이나 사건을 표현한다.

Je parle avec Paul. 나는 폴과 이야기한다.
Elle chante avec moi. 그녀는 나와 함께 노래한다.

〈1군 규칙 동사〉

parler [빠흘레] 말하다	habiter [아비떼] 거주하다	aimer [에메] 좋아하다
je parle [쥬 빠흘르]	j'habite [자비뜨]	j'aime [젬므]
tu parles [뛰 빠흘르]	tu habites [뛰 아비뜨]	tu aimes [뛰 엠므]
il/elle parle [일/엘 빠흘르]	il/elle habite [일/엘 라비뜨]	il/elle aime [일/엘 렘므]
nous parlons [누 빠흘롱]	nous habitons [누 자비똥]	nous aimons [누 제몽]
vous parlez [부 빠흘레]	vous habitez [부 자비떼]	vous aimez [부 제메]
ils/elles parlent [일/엘 빠흘르]	ils/elles habitent [일/엘 자비뜨]	ils/elles aiment [일/엘 젬므]

참고 — je는 모음 또는 무음 h로 시작하는 동사 앞에서 j'로 축약된다.

B 부정문

가장 대표적인 부정형 표현으로 '~이 아니다'라는 뜻으로 사용된다. **ne**는 모음 또는 무음 **h**로 시작하는 동사 앞에서 **n'**으로 축약된다.

> ne (n') + 동사 + pas

parler[빠흘레] 말하다	habiter[아비떼] 거주하다
je ne parle pas [쥬 느 빠흘르 빠]	je n'habite pas [쥬 나비뜨 빠]
tu ne parles pas [뛰 느 빠흘르 빠]	tu n'habites pas [뛰 나비뜨 빠]
il ne parle pas [일 느 빠흘르 빠]	il n'habite pas [일 나비뜨 빠]
elle ne parle pas [엘 느 빠흘르 빠]	elle n'habite pas [엘 나비뜨 빠]
nous ne parlons pas [누 느 빠흘롱 빠]	nous n'habitons pas [누 나비똥 빠]
vous ne parlez pas [부 느 빠흘레 빠]	vous n'habitez pas [부 나비떼 빠]
ils ne parlent pas [일 느 빠흘르 빠]	ils n'habitent pas [일 나비뜨 빠]
elles ne parlent pas [엘 느 빠흘르 빠]	elles n'habitent pas [엘 나비뜨 빠]

J'habite à Paris. 나는 파리에 거주한다. → Je n'habite pas à Paris. 나는 파리에 거주하지 않는다.
Je parle français. 나는 프랑스어로 말한다. → Je ne parle pas français. 나는 프랑스어를 못한다.

● 용법

ne ~ pas 외에 다음과 같은 부정형이 있다.

① ne ~ plus: 더 이상 ~이 아니다
   Je ne suis plus à Séoul. 나는 더 이상 서울에 없다. * être 3과 참조

② ne ~ jamais: 결코 ~이 아니다
   Il n'aime jamais la musique. 그는 결코 음악을 좋아하지 않는다.

③ ne ~ ni ~ ni: ~도 ~도 아니다
   Elle ne parle ni français ni anglais. 그녀는 프랑스어도 영어도 못한다.

EXERCICES

1. 보기 중에서 알맞은 동사를 골라 문장을 완성해 보세요.

   | 보기 | aimer   habiter   regarder   travailler

   (1) Il _____ à Paris. 그는 파리에 산다.
   (2) Vous _____ la pizza. 당신은 피자를 좋아한다.
   (3) Nous _____ dans un magasin. 우리는 가게에서 일한다.
   (4) Tu _____ la télé. 너는 텔레비전을 본다.

   단어 pizza ⓕ 피자   dans ~ 안에   magasin ⓜ 가게   regarder 보다   travailler 일하다, 공부하다

2. 다음 그림을 보고 상황에 맞는 동사를 골라 서로 연결해 보세요.

   (1)    (2)    (3)    (4)

   danser   parler   aimer   chanter

3. 다음 문장을 프랑스어로 써보세요.

   (1) 당신은 결코 춤추지 않아요.
   ▶ _____

   (2) 저는 더 이상 서울에 살지 않아요.
   ▶ _____

   (3) 그들은 한국어를 매우 잘해요.
   ▶ _____

   (4) 그녀는 영어를 조금 해요.
   ▶ _____

4. 녹음을 듣고 빈칸에 알맞은 말을 써보세요.　　　　　　　　　　MP3 02-4

　　(1) Tu es _____ ?

　　(2) Merci beaucoup. Tu _____ _____ Paris ?

　　(3) _____ à Lyon. Et toi ?

　　(4) _____ _____, j'habite à Lyon.

5. 다음 질문에 알맞은 대답을 해 보세요.

　　(1) Q Tu parles français ?
　　　　A _____　　아니요, 저는 프랑스어를 말하지 못해요.

　　(2) Q Où habitez-vous ?　　　　　　　　　　　　　　　　* où 어디에
　　　　A _____　　저는 서울에 살아요.

　　(3) Q Vous êtes de Londres ?
　　　　A _____　　네, 저는 런던 출신이에요.

　　(4) Q Vous êtes coréenne ?
　　　　A _____　　네, 저는 한국인(여)입니다.

　　(5) Q Aimes-tu le cinéma ?
　　　　A _____　　아니, 나는 영화를 좋아하지 않아.

오늘의 한마디

• 교통수단 표현 •

비를 피할 수 있는 교통수단이면 전치사 en을 붙이고, 비를 피할 수 없는 교통수단이면 전치사 à를 사용하여 표현한다.

🔊 MP3 **02-5**

Q **Comment allez-vous à la maison ?** 집에 어떻게 가세요?
A **Je vais en bus.** 버스 타고 가요.
Q **Comment vas-tu à la maison ?** 집에 어떻게 가니?
A **Je vais à pied.** 걸어서 가.

en + 비를 피할 수 있는 교통수단

🔊 MP3 **02-6**

en bus
버스로

en avion
비행기로

en train
기차로

en taxi
택시로

en métro
지하철로

en bateau
배로

en tramway
전차로

à + 비를 피할 수 없는 교통수단

🔊 MP3 **02-7**

à bicyclette
자전거로

à pied
걸어서

Leçon 03

Comment t'appelles-tu ?

너는 이름이 뭐니?

학습 포인트
프랑스 사람과 서로 이름을 말하고 직업에 대해서도 이야기를 나눠 볼까요? 문법 사항으로는 가장 기본적인 명사의 성과 être 동사에 대해서 배우겠습니다.

주요 문법
- 의문부사
- 1군 동사 변칙형 : s'appeler
- être 동사
- 명사 (1)

AUDITION
이 과에서 배울 주요 표현을 미리 들어 보세요.   MP3 03-1

처음 만났을 때 인사하기

A Enchanté. 반가워.
B Enchantée. 반가워.

이름 묻고 대답하기 1

A Comment t'appelles-tu ? 너는 이름이 뭐야?
B Je m'appelle Sylvie. 내 이름은 실비야.

이름 묻고 대답하기 2

A Tu t'appelles comment ? 너는 이름이 뭐야?
B Je suis Pierre. 내 이름은 피에르야.

직업 말하기

A Je suis étudiant. 나는 학생이야.
B Moi aussi, je suis étudiante. 나도 학생이야.

새로운 단어 & 표현 VOCA

단어	품사/성	뜻	비고
comment [꼬멍]		어떻게	Q: Comment allez-vous ? 어떻게 지내세요? A: Je vais bien. 잘 지내요.
employé [엉쁠라이예]	*n* Ⓜ	회사원	여성형: employé**e**
enchanté [엉셩떼]	*adj*	매우 기쁜	여성형: enchanté**e** (처음 만났을 때 '반가워요'라는 의미로 쓰는 인사말)
être [에트흐]		~이다, 있다	Je suis étudiant. 나는 학생입니다. Je suis à Séoul. 나는 서울에 있어요.
étudiant [에뛰디엉]	*n* Ⓜ	학생	– 여성형: étudiant**e** – 학생을 나타내는 단어 | 남성형 | 여성형 | 뜻 | |--------|--------|-----| | élève | élève | 학생, 제자 | | lycéen | lycéen**ne** | 고등학생 | | collégien | collégien**ne** | 중학생 |
s'appeler [싸쁠레]		이름이 ~이다	– 동사 변화는 Grammaire 참조 Q: Comment t'appelles-tu ? 너의 이름은 뭐니? A: Je m'appelle Minsou. 내 이름은 민수야.

CONVERSATION

Comment t'appelles-tu ?

Minsou	Salut ! Enchanté.
Sylvie	Salut ! Enchantée.
Minsou	Comment t'appelles-tu ?
Sylvie	Je m'appelle Sylvie. Et toi ?
Minsou	Moi, je suis Minsou.
Sylvie	Tu es étudiant ?
Minsou	Oui. Je suis étudiant. Et toi ?
Sylvie	Je suis employée.

너는 이름이 뭐니?

민수　[쌀뤼! 엉성떼.]
　　　안녕! 반가워.

실비　[쌀뤼! 엉성떼.]
　　　안녕! 반가워.

민수　[꼬멍 따뻴-뛰?]
　　　너는 이름이 뭐야?

실비　[쥬 마뻴 실비. 에 뚜아?]
　　　내 이름은 실비야. 너는?

민수　[무아, 쥬 쉬 민수.]
　　　나, 나는 민수야.

실비　[뛰 에 제뛰디엉?]
　　　너는 학생이니?

민수　[위. 쥬 쉬 제뛰디엉. 에 뚜아?]
　　　응. 나는 학생이야. 너는?

실비　[쥬 쉬 정뽈롸이예.]
　　　나는 회사원이야.

발음 Tip

■ **단어 끝에 오는 자음**

프랑스어에서는 기본적으로 마지막 자음은 발음을 하지 않는다. 단, 일부 자음 c/r/f/l/q 는 단어 끝에 오더라도 약하게 발음을 한다.

쉽게 기억하는 법

"꼭, 조심해!"를 영어로 하면?

q + c a r e f u l

(ㄲ) + 자음만 외워 보세요!

neuf [뇌프] 9　　lac [락] 호수　　animal [아니말] 동물
or [오흐] 금　　coq [꼬끄] 수닭

GRAMMAIRE

A 의문부사

어디서	언제	왜	얼마나	어떻게
où [우]	quand [껑]	pourquoi [뿌흐꾸와]	combien [꼼비앙]	comment [꼬멍]

● 용법

의문부사는 문장의 시작 또는 끝부분에 올 수 있다. 단 문장 끝부분에 쓰는 경우는 주어와 동사를 도치하지 않는다.

① où: 장소에 대한 의문을 나타낸다.
   Où vas-tu ? =Tu vas où ? 너는 어디에 가니?

② quand: 시간이나 기간에 대한 의문을 나타낸다.
   Quand étudies-tu ? =Tu étudies quand ? 너는 언제 공부하니?   * étudier 공부하다

③ pourquoi: 이유에 대한 의문을 나타낸다.
   Pourquoi pleures-tu ? =Tu pleures pourquoi ? 너는 왜 우니?   * pleurer 울다

④ combien: 수량에 대한 의문을 나타낸다.
   Combien êtes-vous ? =Vous êtes combien ? 몇 명이세요?

⑤ comment: 방법이나 형태에 대한 의문을 나타낸다.
   Comment allez-vous ? =Vous allez comment ? 어떻게 지내세요?

B 1군 동사 변칙형: s'appeler

s'appeler 동사는 활용 어미가 변화하지는 않지만 발음의 조화를 위해서 어간이 약간 변화하는 1군 동사의 변칙형이다.

s'appeler [싸쁠레] 이름이 ~이다	
je m'appelle [쥬 마뻴]	nous nous appelons [누 누 자쁠롱]
tu t'appelles [뛰 따뻴]	vous vous appelez [부 부 자쁠레]
il s'appelle [일 싸뻴]	ils s'appellent [일 싸뻴]
elle s'appelle [엘 싸뻴]	elles s'appellent [엘 싸뻴]

Vous vous appelez comment ? 당신 이름은 무엇입니까?
→ Je m'appelle Jinsuk. 제 이름은 진숙이에요.

C être 동사

3군 불규칙 동사 être는 매우 중요한 동사이므로 꼭 암기해 두어야 한다.

être [에트흐] ~이다, 있다	
je suis [쥬 쉬]	nous sommes [누 쏨므]
tu es [뛰 에]	vous êtes [부 제뜨]
il est [일 레]	ils sont [일 쏭]
elle est [엘 레]	elles sont [엘 쏭]

● 용법

① être + 형용사·명사

Elle est jolie. 그녀는 예쁘다.
Je suis Hugo. 나는 위고야.

② être + 부사·전치사 + 명사

Je suis là. 나는 여기에 있어.
Il est à Paris. 그는 파리에 있다.

D 명사(1)

프랑스어의 명사는 남성이나 여성 중 어느 한쪽의 성을 가진다. 여성 명사를 만드는 방법은 원칙적으로 남성형에 e를 붙이거나 남성형이 e로 끝난 것은 그대로 남성과 여성을 같은 형태로 쓴다. 이 밖에 er → ère, eur → euse/trice, en → enne 등과 같이 주의해야 할 여성형 어미 변화도 있다.

직업 명사	남성	여성
변호사	avocat [아보까]	avocate [아보까뜨]
치과 의사	dentiste [덩띠스뜨]	dentiste [덩띠스뜨]
제빵사	boulanger [블렁줴]	boulangère [블렁줴흐]
가수	chanteur [셩뙤흐]	chanteuse [셩뙤즈]
배우	acteur [악뙤흐]	actrice [악트리스]
약사	pharmacien [파흐막씨엔]	pharmacienne [파흐막씨엔느]

남성형으로만 쓰이는 직업 명사도 있으므로 기억해 두자.

un professeur 교수   un écrivain 작가   un médecin 의사

EXERCICES

1. 다음 빈칸에 알맞은 être 동사의 변화형을 써보세요.

   (1) Je _____ Soumi.
   (2) Elle _____ étudiante.
   (3) Ils _____ à Paris.
   (4) Nous _____ en France.
   (5) Vous _____ français.

   * en France 프랑스에

2. 다음 명사의 여성형을 써보세요.

   (1) dentiste → _____   (2) chanteur → _____
   (3) boulanger → _____ (4) professeur → _____
   (5) acteur → _____   (6) marchand → _____

3. 다음 문장을 의문부사를 이용한 프랑스어로 써보세요.

   (1) 어떻게 지내세요?
      ▶ _____

   (2) 너는 어디에 사니?
      ▶ _____

   (3) 너는 언제 말하니?
      ▶ _____

   (4) 몇 명이에요?
      ▶ _____

   (5) 왜요?
      ▶ _____

4. 녹음을 듣고 빈칸에 알맞은 말을 써보세요. MP3 03-4

   (1) Salut ! _____.

   (2) Comment _____-tu ?

   (3) Je _____ Sylvie. Et toi ?

   (4) Tu es _____ ?

   (5) Oui. je suis étudiant. _____ _____ ?

5. 다음 대답에 알맞은 질문을 해 보세요.

   (1) Q _____ 당신은 어디 사세요?
       A J'habite à Paris.

   (2) Q _____ 잘 지내세요?
       A Oui, je vais bien. Merci.

   (3) Q _____ 몇 명이세요?
       A Nous sommes trois.

   (4) Q _____ 너는 선생님이니?
       A Oui, je suis professeur.

   (5) Q _____ 너는 이름이 뭐니?
       A Je m'appelle Soumi.

오늘의 한마디

• 자기소개 표현 •

프랑스 사람들은 대화를 할 때 제스처와 말투를 중요하게 생각한다. 처음 만난 사람끼리 악수를 할 때는 가볍고 짧게 하며 상대의 사회적 지위가 더 높을 때를 제외하고는, 남녀 사이에는 여자가 먼저 손을 내밀어 인사를 청한다. 악수를 하면서 자신의 이름, 사는 곳, 직업 등을 넣어서 말하는 연습을 해 보자.

● 전치사 à를 이용한 인사 표현

MP3 **03-5**

Bonjour !	안녕하세요!
Enchanté(e).	만나서 반갑습니다.
Je m'appelle **Minsou**.	제 이름은 민수입니다.
J'habite à **Séoul**.	저는 서울에 살아요.
Je suis **étudiant(e)**.	저는 학생입니다.
Bonne journée !	좋은 하루 보내세요!

Leçon 04

Quel âge as-tu ?

너는 몇 살이니?

학습 포인트
일상에서 숫자를 사용해서 가장 많이 쓰는 표현이 나이와 시간입니다. 이번에는 수형용사를 말하는 법과 이때 함께 쓰는 표현을 배우겠습니다.

주요 문법
- 의문형용사
- avoir 동사
- 소유형용사
- 근접미래

AUDITION
이 과에서 배울 주요 표현을 미리 들어 보세요.   MP3 04-1

나이 묻기

A Quel âge avez-vous ?   당신은 몇 살입니까?
B J'ai 20 ans.   저는 스무 살입니다.

시간 말하기

A Quelle heure est-il ?   몇 시입니까?
B Il est 2 heures.   2시입니다.

안부 인사

A Ça va ?   잘 지내?
B Comme ci comme ça.   그저 그래.

생일 축하

A Joyeux anniversaire.   생일 축하해.
B Merci.   고마워.

새로운 단어 & 표현 VOCA

단어	품사/성	뜻	비고
âge [아쥬]	*n* ⓜ	나이	Quel âge avez-vous ? 당신은 몇 살입니까?
alors [알로흐]		그러면, 그래서	Et alors ? 그래서!/그런데 어쩌란 말이야!
anniversaire [아니베흐쎄흐]	*n* ⓜ	생일	Joyeux anniversaire ! 생일 축하합니다!
bon [봉]	*adj*	좋은	여성형: bon**ne**
C'est vrai ! [쎄 브헤]		정말! / 사실이에요!	Ah bon ? 정말?/아! 그러세요?
Ça va ? [싸 바]		잘 지내니?	Q: Comment ça va ? 어떻게 지내? A: Ça va bien. 잘 지내./ Ça ne va pas bien. 잘 못 지내.
demain [드멩]		내일	À demain ! 내일 보자!
pas mal [빠 말]		나쁘지 않아	Q: Comment vas-tu ? 너 어떻게 지내? A: Comme ci comme ça. 그럭저럭 지내./ Pas mal. 나쁘지 않아.
quel [껠]		어떤, 무슨, 몇 (의문형용사)	Q: Quelle heure est-il ? 몇 시예요? A: Il est 7 heures. 7시예요.
voyager [부와이아줴]		여행하다	– 1군 동사 변칙형 | je voyage	nous voyag**e**ons
tu voyages	vous voyagez
il/elle voyage	ils/elles voyagent	 – voyage ⓜ 여행 Bon voyage ! 좋은 여행 하세요!
super [슈뻬흐]	*adj*	멋진 (불변)	C'est super ! 최고다!
vingt [벵]		20	– 서수: vingtième 20번째의 프랑스어에서 서수는 일반적으로 기수 끝에 ième을 붙인다.

CONVERSATION

Quel âge as-tu ?

Minsou	Bonjour, Sophie ! Comment ça va ?
Sophie	Ça va très bien. Et toi ?
Minsou	Pas mal. Ah ! Demain, c'est mon anniversaire.
Sophie	C'est vrai ? Bon anniversaire ! Alors, quel âge as-tu ?
Minsou	J'ai 20 ans. Pour mon anniversaire, je vais voyager à Nice avec mes amis.
Sophie	Wow ! C'est super !

너는 몇 살이니?

해석

민수 [봉쥬흐, 소피! 꼬멍 싸바?]
  안녕, 소피! 잘 지내?

소피 [싸바 트레비앙. 에 뚜아?]
  응, 아주 잘 지내. 너는?

민수 [빠 말. 아! 드멩, 쎄 모 나니베흐쎄흐.]
  나쁘지 않아. 아! 내일, 내 생일이야.

소피 [쎄 브레? 보 나니베흐쎄흐! 알로흐, 껠 라쥬 아 뛰?]
  진짜? 생일 축하해! 그럼, 너 몇 살이야?

민수 [죄 벵 떵. 뿌흐 모 나니베흐쎄흐, 쥬 베 부와이아줴 아 니스 아벡 메 자미.]
  나는 20살이야. 내 생일을 위해서 내 친구들과 함께 니스에 여행 갈 거야.

소피 [와우! 쎄 슈뻬흐!]
  와! 멋지다!

발음 Tip

- **p/t/k의 발음**

  p/t/k는 두 가지로 발음한다. p/t/k는 [ㅃ·ㄸ·ㄲ]처럼 무기음으로 발음해야 하지만, p/t/k 뒤에 R이 오면 그 영향을 받아서 유기음 [ㅍ·ㅌ·ㅋ]로 발음된다.

  Paris [빠히] 파리   printemps [프헹떵] 봄
  ton [똥] 너의   train [트헹] 기차
  café [까페] 커피   crème [크헴] 크림

GRAMMAIRE

A 의문형용사

quel은 '어떤, 무슨, 어느, 몇'과 같은 의문의 뜻을 나타내는 형용사로 항상 명사와 함께 쓰인다. 수식하는 명사의 성·수에 형태를 일치시킨다.

남성 단수	여성 단수	남성 복수	여성 복수
quel [껠]	quelle [껠]	quels [껠]	quelles [껠]

● 용법

① 명사 앞에 붙어 명사를 수식한다.

   Quel âge avez-vous ? = Vous avez quel âge ? 당신은 몇 살인가요?

② être 동사와 함께 속사로 쓰인다.

   Quel est ton nom ? 너의 성은 뭐니?　　　　　　　　　　　　　　　　　* nom ⓜ 성

③ 감탄형용사로도 쓰인다.

   Quelle chance ! 정말 운이 좋군!　　　　　　　　　　　　　　　　　* chance ⓕ 행운

B avoir 동사

3군 불규칙 동사 avoir는 '가지고 있다'는 기본 뜻 이외에도 여러 가지 뜻으로 쓰인다. 매우 중요한 동사 중 하나이므로 꼭 암기해 두어야 한다.

avoir [아브와흐] 가지고 있다	
j'ai [쩨]	nous avons [누 자봉]
tu as [뛰 아]	vous avez [부 자베]
il a [일 아]	ils ont [일 종]
elle a [엘 아]	elles ont [엘 종]

● 용법

① 소유를 표현할 때 쓴다.

   J'ai une maison. 나는 집을 가지고 있다.　　**Elle a des amis.** 그녀는 친구들이 있다.

② 나이 또는 신체에 대해서 표현할 때 쓴다.

   Il a dix ans. 그는 10살이다.　　　　　　　　**Tu as les yeux bleus.** 네 눈은 파란색이야.

　　　　　　　　　　　　　　　　　　　　　　　　　　　　　　　* yeux ⓜ 눈, bleu(e) 파란색의

C 소유형용사

명사 앞에서 그 명사의 소유 관계를 나타내는 형용사로 명사의 성·수에 따라 형태가 달라진다.

소유자	남성 단수	여성 단수	남성·여성 복수
나의	mon [몽]	ma [마]	mes [메]
너의	ton [똥]	ta [따]	tes [떼]
그의/그녀의	son [쏭]	sa [싸]	ses [쎄]
우리들의	notre [노트흐]		nos [노]
너희들의/당신(들)의	votre [보트흐]		vos [보]
그들의/그녀들의	leur [레흐]		leurs [레흐]

● 용법

① 성에 따르는 변화는 주어의 성과 관계없이 명사의 성에 일치시킨다.

　　le frère de Marie 마리의 오빠　　→ son frère 그녀의 오빠
　　la sœur de Paul 폴의 누나　　　→ sa sœur 그의 누나

② 모음 또는 무음 h로 시작하는 여성 단수 명사 앞에서 ma/ta/sa는 mon/ton/son으로 바뀐다.

　　mon amie 내 여자친구　(O)　　ma amie　(X)
　　ton histoire 너의 이야기　(O)　　ta histoire　(X)
　　son école 그의(그녀의) 학교　(O)　　sa école　(X)

D 근접미래

현재에 이어서 바로 이어질 근접한 미래를 나타낸다.

aller + 동사 원형

● 용법

'곧 ~할 것이다'의 뜻으로 가까운 미래를 나타낼 때 사용한다.

　　Je vais aller à Nice. 나는 니스에 곧 갈 것이다.
　　Elle va étudier le français. 그녀는 프랑스어를 공부할 것이다.

＊ étudier 공부하다

EXERCICES

1. 다음 빈칸에 알맞은 소유형용사를 써보세요.

소유자	남성 단수	여성 단수	남성·여성 복수
나의	mon	(1) _____	mes
너의	(2) _____	ta	tes
그의/그녀의	(3) _____	sa	ses
우리들의	notre		(4) _____
너희들의/당신(들)의	votre		vos
그들의/그녀들의	leur		(5) _____

2. 다음 숫자의 읽기에 알맞은 말을 찾아 서로 연결해 보세요.

(1) 20 •　　　　• quatorze

(2) 15 •　　　　• douze

(3) 12 •　　　　• quinze

(4) 18 •　　　　• dix-huit

(5) 14 •　　　　• vingt

3. 다음 문장을 프랑스어로 써보세요.

(1) 너는 몇 살이니?
▶ _____

(2) 생일 축하합니다!
▶ _____

(3) 너의 이름이 뭐니?　　　　　　　　　　　　　* prénom ⓜ 이름
▶ _____

(4) 당신의 직업은 무엇인가요? * profession ⓘ 직업
▶ _____

(5) 너는 프랑스어를 공부할 거니?
▶ _____

4. 녹음을 듣고 빈칸에 알맞은 말을 써보세요. 🎧 MP3 **04-4**

(1) C'est mon _____.

(2) _____ âge as-tu ?

(3) _____ 20 ans.

(4) Je vais _____ à Nice avec mes amis.

(5) Wow ! _____ !

5. 다음 숫자를 프랑스어로 소리 내어 말해 보세요.

(1) 010-1216-1120
▶ _____

(2) 16. 12. 17. 15. 20
▶ _____

(3) le 13 mars 2017
▶ _____

(4) Il est 5 heures 30.
▶ _____

(5) J'ai 19 ans.
▶ _____

오늘의 한마디

• 숫자 표현 •

수를 조합할 때 17부터 99까지는 [−]으로 연결한다. 단, 21, 31, 41, 51, 61, 71은 접속사 **et**로 연결한다.

dix-sept [디-쎕뜨] 17   vingt et un [벵 떼 엉] 21

🎵 MP3 **04-5**

0 zéro	1 un/une	2 deux	3 trois	4 quatre
5 cinq	6 six	7 sept	8 huit	9 neuf
10 dix	11 onze	12 douze	13 treize	14 quatorze
15 quinze	16 seize	17 dix-sept	18 dix-huit	19 dix-neuf
20 vingt	21 vingt et un	22 vingt-deux	23 vingt-trois	…
30 trente	31 trente et un	32 trente-deux	33 trente-trois	…
40 quarante	41 quarante et un	42 quarante-deux	43 quarante-trois	…
50 cinquante	51 cinquante et un	52 cinquante-deux	53 cinquante-trois	…
60 soixante	61 soixante et un	62 soixante-deux	63 soixante-trois	…
70 soixante-dix	71 soixante et onze	72 soixante-douze	73 soixante-treize	…
80 quatre-vingts (4×20)	81 quatre-vingt-un	82 quatre-vingt-deux	83 quatre-vingt-trois	…
90 quatre-vingt-dix (4×20+10)	91 quatre-vingt-onze	92 quatre-vingt-douze	93 quatre-vingt-treize	100 cent

Leçon 05

Qui est-ce ?

누구니?

학습 포인트
사람들은 친해지면 두 사람에 대한 대화에서 더 나아가 다른 사람에게까지 화제를 넓혀 이야기를 하게 됩니다. 이번에는 형용사의 성과 의문대명사 qui를 이용한 표현법을 배우겠습니다.

주요 문법
- 의문대명사 qui
- 관사
- 형용사(1)
- 근접과거

AUDITION

이 과에서 배울 주요 표현을 미리 들어 보세요.   MP3 05-1

누구인지 물어보기

A Qui est-ce ?   누구야?
B C'est Elsa.   엘자야.

기혼인지 미혼인지 묻기

A Elle est mariée ?   그녀는 결혼했니?
B Non. Elle est célibataire.   아니. 그녀는 미혼이야.

형용사 표현으로 칭찬하기

A Tu es très jolie.   너는 정말 예쁘다.
B Merci.   고마워.

A Elle a l'air très gentille.   그녀는 아주 친절해 보이는데.
B Oui, c'est vrai.   응, 사실이야.

새로운 단어 & 표현 VOCA

단어	품사/성	뜻	비고
ami [아미]	n ⓜ	친구	– '친구'를 뜻하는 단어 | 남성형 | 여성형 | |---|---| | ami | amie | | copain | copine |
avoir + l'air + 형용사 [아브와흐+레흐]		~처럼 보이다	Il a l'air heureux. 그는 행복해 보인다.
gentil [졍띠]	adj	친절한	여성형: gentille
joli [졸리]	adj	예쁜, 귀여운	– 여성형: jolie C'est jolie. 예쁘다.
marié [마히에]		기혼의	– 여성형: mariée – célibataire 미혼의
qui [끼]	의문대명사	누구	Qui êtes-vous ? 당신은 누구세요?
rentrer [헝트레]		다시 돌아오다	– 동사 변화 | je rentre | nous rentrons | |---|---| | tu rentres | vous rentrez | | il/elle rentre | ils/elles rentrent |
venir + de + 동사 원형 [브니흐+드]		방금 ~했다 (근접과거)	– 동사 변화 | je viens | nous venons | |---|---| | tu viens | vous venez | | il/elle vient | ils/elles viennent | – Je viens de rentrer. 나는 방금 전에 돌아왔다.

CONVERSATION

Qui est-ce ?

Minsou	Qui est-ce ?
Sophie	C'est une amie coréenne.
	Elle s'appelle Soumi.
	Elle vient de rentrer de Séoul.
Minsou	Elle est très jolie. Elle est mariée ?
Sophie	Non, elle est célibataire.
Minsou	Et, elle a l'air très gentille.
Sophie	Oui, elle est gentille.

누구니?

민수   [끼 에-쓰?]
               누구야?

소피   [쎄 뛴 아미 꼬헤엔느.]
               한국 친구야.
               [엘 싸뻴 수미.]
               그녀의 이름은 수미야.
               [엘 비엥 드 헝트레 드 쎄울.]
               그녀는 서울에서 막 돌아왔어.

민수   [엘 레 트레 졸리. 엘 레 마히에?]
               정말 예쁘다. 그녀는 결혼했니?

소피   [농, 엘 레 쎌리바떼흐.]
               아니, 그녀는 미혼이야.

민수   [에, 엘 아 레흐 트헤 졍띠으.]
               그녀는 아주 친절해 보이는데.

소피   [위, 엘 레 졍띠으.]
               응, 그녀는 친절해.

해석

발음 Tip

- **철자 기호 Ç**

프랑스어의 철자 기호 중 하나로 cédille[쎄디으]라고 한다. 프랑스어에서 c는 a/o/u 앞에서 [ㄲ]로 발음되는데 c 밑에 작은 [,]를 붙이면 [s][ㅆ]로 발음한다.

     café[까페] 커피 | ça[싸] 저것

- **자음 S**

S는 두 모음 사이에서 S가 하나만 있을 때 [z][ㅈ]로 발음하고, 그렇지 않은 경우에는 모두 [s][ㅆ] 로 발음한다.

     maison[메종] 집 | rose[호즈] 장미
     dessert[데쎄흐] 디저트 | classe[끌라쓰] 교실

GRAMMAIRE

A 의문대명사 qui

'누구'라는 뜻의 의문사로 질문은 항상 단수 형태이다. 주어, 속사, 목적어, 상황보어로 쓰인다.

	주어	속사·직접보어	간접보어·상황보어
단순형	qui [끼]	qui	전치사+qui
중복형	qui est-ce qui [끼 에-스 끼]	qui est-ce que [끼 에-스 끄]	전치사+qui est-ce que

● 용법

① 주어: Qui arrive ? = Qui est-ce qui arrive ? 누가 도착하니? * arriver 도착하다
② 속사: Qui êtes-vous ? = Qui est-ce que vous êtes ? 당신 누구세요?
③ 직접목적어: Qui regardes-tu ? = Qui est-ce que tu regardes ? 너는 누구를 보니? * regarder 보다
④ 간접목적어: À qui parles-tu ? = À qui est-ce que tu parles ? 너는 누구에게 이야기하니?
⑤ 상황보어: Avec qui manges-tu ? = Avec qui est-ce que tu manges ? 너는 누구와 먹니?
* manger 먹다

B 관사

관사는 명사 앞에 붙이며 명사의 성·수에 일치시킨다. 형태와 용법에 따라 부정관사, 정관사, 부분관사로 구분한다.

	남성 단수	여성 단수	남성·여성 복수
부정관사	un [엉]	une [윈]	des [데]
정관사	le(l') [르]	la(l') [라]	les [레]
부분관사	du (de l') [뒤]	de la (de l') [드 라]	des [데]

참고 ⓐ le/la 다음에 모음이나 무음 h로 시작되는 단수 명사가 오면 [l'+명사] 형태로 쓴다.
la école (X) → l'école 학교   la histoire (X) → l'histoire 역사, 이야기

ⓑ du/de la 다음에 모음이나 무음 h로 시작되는 단수 명사가 오면 [de l'+명사]로 쓴다.
du argent (X) → de l'argent 돈   de la eau (X) → de l'eau 물

● 용법

① 부정관사

불특정 대상의 셀 수 있는 명사 앞에서 사용한다. 단수로 쓰일 때는 '하나'로, 복수로 쓰일 때는 '여럿' 등의 뜻으로 쓰인다.

une table 테이블 1개   des tables 테이블 여러 개

② 정관사

정관사는 모든 명사 앞에서 대화자가 서로 알고 있는 것이나 앞에 나온 명사, 문맥상 한정된 명사, 명사의 총체적 의미를 표현할 때 또는 한 가족을 나타낼 때 사용한다.

le livre (그) 책   les amis de Léo 레오의 친구들
les Léo 레오 씨 가족   J'aime la fleur. 나는 꽃을 좋아한다.(모든 종류의 꽃)   * fleur ① 꽃

③ 부분관사

부분관사는 전체 중에서 부분적이고 셀 수 없는 분량을 가리키는 명사나 추상명사 앞에서 '약간의, 얼마간의' 뜻으로 사용한다.

du pain 빵   de la chance 행운   des légumes 채소

C 형용사(1)

형용사는 명사와 대명사의 성질, 상태, 색깔, 형태 등을 나타내며 수식하는 명사나 대명사의 성·수에 일치시킨다. 형용사의 원형은 남성형이다.

	남성형	여성형
남성 단수형+-e(원칙상)	petit [쁘띠]	petite [쁘띠뜨] 작은
	grand [그헝]	grande [그헝드] 큰
남성형 어미가 –e로 끝난 경우는 그대로	libre [리브흐]	libre [리브흐] 자유로운
남성형 어미가 –en인 경우 → –enne	coréen [꼬헤앙]	coréenne [꼬헤엔느] 한국어
남성형 어미가 –er인 경우 → –ère	premier [프흐미에]	première [프흐미에흐] 첫 번째의
남성형 어미가 –f인 경우 → –ve	actif [악띠프]	active [악띠브] 활기찬
남성형 어미가 –eux인 경우 → –euse	heureux [에외]	heureuse [에외즈] 행복한

D 근접과거

현재 바로 전에 일어난 근접한 과거를 나타낸다.

venir de + 동사 원형

● 용법

'방금 ~ 했다'는 뜻으로 가까운 과거에 이루어진 행위를 표현할 때 사용한다.

Je viens de finir ce travail. 나는 방금 그 일을 끝마쳤다.   * finir 끝내다, 끝마치다
Elle vient de manger du pain. 그녀는 방금 빵을 먹었다.

EXERCICES

1. 다음 빈칸에 알맞은 관사를 써보세요.

   (1) J'ai _____ courage. 나는 용기가 있어요.

   (2) C'est _____ stylo de Pierre. 이것은 피에르의 펜이다.   * stylo ⓜ 펜

   (3) Je mange _____ pain. 나는 빵을 먹는다.

   (4) Elle aime _____ café. 그녀는 커피를 좋아한다.

   (5) C'est _____ voiture. 이것은 자동차이다.   * voiture ⓕ 자동차

2. 다음 빈칸에 알맞은 형용사를 써보세요.

   (1) Sophie est _____. [행복하다]

   (2) Elle est _____. [활동적이다]

   (3) Elle est _____. [작다]

   (4) Aujourd'hui, tu es _____. [자유롭다]

   (5) Elle est _____. [크다]

3. 다음 문장을 프랑스어로 써보세요.

   (1) 당신은 누구를 보세요?
   ▶ _____

   (2) 그녀는 기혼자야.
   ▶ _____

   (3) 기차가 방금 전에 도착했어.
   ▶ _____

   (4) 그는 방금 전에 출발했어.
   ▶ _____

   (5) 그녀는 꽃을 좋아해.
   ▶ _____

4. 녹음을 듣고 빈칸에 알맞은 말을 써보세요. MP3 05-4

   (1) _____ est-ce ?

   (2) Elle _____ _____ rentrer de Séoul.

   (3) Elle est _____ ?

   (4) Elle est _____ .

   (5) Elle a l'air très _____ .

5. 다음 질문에 알맞은 대답을 해보세요.

   (1) Q Tu es marié(e) ?
       A _____ 아니, 나는 결혼하지 않았어(미혼이야).

   (2) Q Elle est comment ?
       A _____ 그녀는 활동적이고 예뻐.

   (3) Q Vous avez une voiture ?
       A _____ 네, 저는 프랑스 자동차를 가지고 있어요.

   (4) Q Ta mère est grande ?
       A _____ 아니, 그녀는 키가 작아.

   (5) Q Qui est-ce ?
       A _____ 이 사람은 (내) 프랑스인 여자친구야.

오늘의 한마디

• 날씨 표현 •

날씨 표현은 일반적으로 **Il fait** 구문을 사용한다. Il은 비인칭 주어이고 **fait**(동사 원형 **faire**)는 날씨를 나타내는 비인칭 동사이다.

🎧 MP3 **05-5**

Q Quel temps fait-il ? 날씨가 어때요?
A Il fait beau. 좋아요.

| Il fait + 형용사 | 🎧 MP3 **05-6** |

Il fait beau. 날씨가 좋아요.
Il fait chaud. 날씨가 더워요.
Il fait mauvais. 날씨가 나빠요.
Il fait froid. 날씨가 추워요.

| Il y a + 부분관사 + 명사 | 🎧 MP3 **05-7** |

Il y a du vent. 바람이 불어요.
Il y a du soleil. 화창해요.

| Il + 비인칭 동사 | 🎧 MP3 **05-8** |

Il pleut. 비가 와요.
Il neige. 눈이 와요.

* pleuvoir 비가 오다
* neiger 눈이 오다

Leçon 06

Qu'est-ce que tu aimes ?

너는 무엇을 좋아하니?

학습 포인트
어떤 사람과 친해지면 그 사람의 취향이 궁금해지겠죠? 의문대명사 que를 넣어서 무엇을 좋아하고 싫어하는지를 말하는 표현을 배우겠습니다.

주요 문법
- 형용사(2)
- 의문대명사 que
- 보어 인칭대명사

AUDITION

이 과에서 배울 주요 표현을 미리 들어 보세요. MP3 06-1

좋아하는 것 묻고 대답하기

A Tu aimes la musique ? 너는 음악을 좋아하니?
B Oui ! Je l'aime beaucoup. 응. 나는 그것을 많이 좋아해.

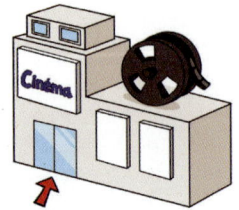

A Tu aimes le cinéma ? 너는 영화를 좋아하니?
B Pas tellement. Et toi ? 별로 좋아하지 않아. 너는?

A Qu'est-ce que tu aimes ? 너는 무엇을 좋아하니?
B J'aime beaucoup le jazz. 나는 재즈를 매우 좋아해.

A Tu aimes la musique classique ? 너는 클래식 음악을 좋아하니?
B Pas du tout. 절대 좋아하지 않아.

새로운 단어 & 표현 VOCA

단어	품사/성	뜻	비고	
adorer [아도헤]		열렬히 좋아하다	– 동사 변화	
			j'adore	nous adorons
			tu adores	vous adorez
			il / elle adore	ils / elles adorent
aimer [에메]		좋아하다	Il aime la lecture. 그는 책 읽기를 좋아한다. Il aime lire. 그는 책 읽는 것을 좋아한다.	

beau [보]	*adj*	아름다운	– 여성형: **belle**
			  beau payage 아름다운 경치
			  belle femme 아름다운 여자	

cinéma [씨네마]	*n* Ⓜ	영화, 영화관	film Ⓜ 필름, 영화	
comme [꼼므]		~로서, ~처럼	comme moi 나처럼	
en plus [엉 쁠뤼쓰]		게다가		
musique [뮤지끄]	*n* Ⓕ	음악	musique classique 고전 음악 musique jazz 재즈 음악	
pas tellement [빠 뗄르멍]		별로야	Il n'a pas tellement d'argent. 그는 돈을 별로 많이 가지고 있지 않다.	
voix [부와]	*n* Ⓕ	목소리	parler à voix basse 작은 소리로 말하다 parler à voix haute 큰 소리로 말하다	

CONVERSATION

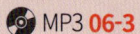

Qu'est-ce que tu aimes ?

Minsou   Tu aimes le cinéma ?

Sophie   Pas tellement. Et toi, qu'est-ce que tu aimes ?

Minsou   Moi ? J'adore le cinéma et la musique.

Sophie   Qu'est-ce que tu aimes comme musique ?

Tu aimes la musique classique ?

Minsou   Oh, oui ! Et j'aime aussi le jazz.

J'aime bien Zaz ! Elle a une très belle voix.

Sophie   Ah bon ? Moi aussi, je l'aime bien.

En plus, elle est très jolie.

해석

너는 무엇을 좋아하니?

민수 [뛰 엠므 르 씨네마?]
너는 영화를 좋아하니?

소피 [빠 뗄르멍. 에 뚜아, 께-스 끄 뛰 엠므?]
별로 좋아하지 않아. 너는? 너는 무엇을 좋아하니?

민수 [무아? 자도흐 르 씨네마 에 라 뮤지끄.]
나? 나는 영화와 음악을 너무 좋아해.

소피 [께-스 끄 뛰 엠므 꼼므 뮤지끄?]
음악으로 너는 무엇을 좋아하는데?
[뛰 엠므 라 뮤지끄 끌라씨끄?]
너는 클래식 음악 좋아하니?

민수 [아, 위! 에 젬므 오씨 르 자즈.]
아, 그래! 그리고 나는 재즈도 많이 좋아해.
[젬므 비앙 자즈! 엘 아 윈 트레 벨 부와.]
나는 자즈(여가수) 좋아해! 그녀는 너무 아름다운 목소리를 가졌어.

소피 [아 봉? 무아 오씨, 쥬 렘므 비앙. 엉 쁠뤼쓰, 엘 레 트레 졸리.]
정말? 나도 역시 그녀를 좋아해. 게다가 그녀는 매우 예뻐.

발음 Tip

■ **qu의 발음**

q는 단어 끝에 있을 경우를 제외하고는 언제나 그 뒤에 u가 따르는데, 이때의 u는 발음되지 않으므로 qu는 [k][ㄲ]로 발음하면 된다.

qui [ki] [끼] 누가   quatre [katr] [꺄트흐] 4
quel [kɛl] [껠] 어떤, 무슨

GRAMMAIRE

A 형용사(2)

● 남성 제2형을 갖는 형용사

다음 5개의 형용사는 모음 또는 무음 h로 시작하는 남성명사 앞에서는 남성 제2형으로 사용된다.

형용사	남성형	남성 제2형	여성형
아름다운	beau [보]	bel [벨]	belle [벨]
새로운	nouveau [누보]	nouvel [누벨]	nouvelle [누벨]
미친	fou [푸]	fol [펄]	folle [펄르]
물렁물렁한	mou [무]	mol [멀]	molle [멀르]
늙은, 낡은	vieux [비외]	vieil [비에이으]	vieille [비에이으]

un beau garçon 잘생긴 소년   un bel arbre 아름다운 나무
un vieux sac 낡은 가방   un vieil ami 옛 친구
un nouveau dictionnaire 새 사전   un nouvel ordinateur 새 컴퓨터

● 형용사의 위치

① 명사 앞에 오는 형용사: 짧은 음절의 자주 사용되는 형용사

petit	grand	beau	joli
bon	vieux	gros	mauvais

le petit chien 작은 강아지   la jolie robe 예쁜 원피스

② 명사 뒤에 오는 형용사: 색깔, 형태, 날씨, 국적이나 긴 음절의 자주 사용되는 형용사

la jupe verte 초록색 치마   la table ronde 둥근 탁자
la voiture coréenne 한국 자동차

● 형용사의 복수형

		단수	복수	뜻
남성 형용사	남성 단수형 + s	grand [그헝]	grands [그헝]	큰
	-s/-x로 끝나는 경우 그대로	gris [그히]	gris [그히]	회색의
		vieux [비외]	vieux [비외]	늙은
	-eau로 끝나는 경우 +x	beau [보]	beaux [보]	아름다운
		nouveau [누보]	nouveaux [누보]	새로운

여성 형용사	예외 없이 모두 어미에 +s	grande [그헝드]	grandes [그헝드]	큰
		heureuse [외헤즈]	heureuses [외헤즈]	행복한
		aimable [에마블르]	aimables [에마블르]	사랑스러운

B 의문대명사 que

사물을 대신하는 대명사(무엇)로 주로 문장 첫머리에 쓴다. 전치사가 선행되면 quoi로 바꾸어 준다.

	주어	속사·직접 보어	간접보어·상황보어
단순형	없음	que [끄]	전치사+quoi [꾸와]
중복형	qu'est-ce qui [께-스 끼]	qu'est-ce que [께-스 끄]	전치사+quoi est-ce que [꾸와 에-스 끄]

● 용법

① 주어: Qu'est-ce qui est sur la table ? 테이블 위에 무엇이 있습니까?
② 속사: Que deviens-tu ? =Qu'est-ce que tu deviens ? 너는 무엇이 될 거니?
③ 직접보어: Que cherchez-vous ? =Qu'est-ce que vous cherchez ? 당신은 무엇을 찾으세요?
④ 간접보어: À quoi penses-tu ? =À quoi est-ce que tu penses ? 너는 무엇을 생각하니?
⑤ 상황보어: Avec quoi manges-tu ? =Avec quoi est ce que tu manges ?
너는 무엇과 함께 먹니?

C 보어 인칭대명사

보어 인칭대명사는 명사의 반복을 피하기 위해 사용한다. 전치사의 동반 여부에 따라 직접 목적보어와 간접 목적보어로 나뉜다.

	단수			복수		
	1인칭	2인칭	3인칭	1인칭	2인칭	3인칭
직접보어(~을)	me [므] (m')	te [뜨] (t')	le [르] (l') / la [라] (l')	nous [누]	vous [부]	les [레]
간접보어(~에게)			lui [뤼]			leur [뢰흐]

참고 - me/te/le/la는 모음이나 무음 h로 시작하는 단어 앞에서 m'/t'/l'로 축약된다.

앞에 나온 명사를 대신하며 항상 동사 앞에 온다.

J'aime la pomme. 나는 사과를 좋아해. → Je l'aime. 나는 그것을 좋아해.
Je parle à Paul. 나는 폴에게 말해. → Je lui parle. 나는 그에게 말해.

EXERCICES

1. 다음 빈칸에 알맞은 직접목적보어와 간접 목적보어를 써보세요.

	단수			복수		
	1인칭	2인칭	3인칭	1인칭	2인칭	3인칭
직접보어 (~을)	me (m')	(1) ____ (t')	(2) ____ (l') / (3) ____ (l')	nous	(5) ____	les
간접보어 (~에게)			(4) ____			leur

2. 보기에서 빈칸에 알맞은 의문대명사 또는 보어인칭대명사를 찾아 써보세요.

| 보기 | te(t')   lui   avec quoi   qu'est-ce que   que

(1) _____ cherchez-vous ? 당신은 무엇을 찾으세요?

(2) Je _____ parle. 나는 그에게 말해.

(3) _____ _____ c'est ? 이것은 무엇입니까?

(4) _____ _____ manges-tu ? 너는 무엇과 함께 먹니?

(5) Je _____ aime. 나는 너를 사랑해.

3. 다음 문장을 프랑스어로 써보세요.

(1) 나는 새 컴퓨터를 가지고 있다.
▶ _____

(2) 너는 무엇을 좋아하니?
▶ _____

(3) 그녀는 매우 아름답고 키가 크다.
▶ _____

(4) 그는 늙었다.
▶ _____

(5) 너는(여자) 행복하니?
▶ _____

4. 녹음을 듣고 빈칸에 알맞은 말을 써보세요. 🔘 MP3 **06-4**

(1) _____ _____. Et toi ?

(2) _____ _____ tu aimes comme musique ?

(3) Elle a une très _____ _____.

(4) _____ _____ ? Moi aussi.

(5) Elle est très _____.

5. 다음 질문에 알맞은 대답을 해보세요.

(1) Q Tu aimes le cinéma ?
    A _____ 응, 나는 그것을 좋아해.

(2) Q Tu aimes la musique ?
    A _____ 별로 좋아하지 않아.

(3) Q Qu'est-ce que tu adores ?
    A _____ 나는 운동을 매우 좋아해.

(4) Q Qu'est-ce qui est sur la table ?   * Il y a ~가 있다
    A _____ 책 3권과 꽃 2송이가 있어요.

(5) Q À quoi penses-tu ?
    A _____ 나는 에펠탑과 개선문에 대해 생각해.

* Tour Eiffel ① 에펠탑, Arc de triomphe ⑪ 개선문

오늘의 한마디

• 색깔 표현 •

직감적으로 쉽게 이해할 수 있는 색깔에 대한 단어들은 다음과 같다. 빨, 주, 노, 초, 파, 남, 보 등을 프랑스어로 알아보고, 주변의 물건 색깔과 연관하여 연습해 보자.

🎵 MP3 **06-5**

Q Quelle couleur aimez-vous ? 당신은 어떤 색깔을 좋아하세요?
A J'aime le rouge. 나는 빨간색을 좋아해요.

🎵 MP3 **06-6**

rouge [후쥬] 빨간색
orange [오헝쥬] 주황색
bleu [블루] 파란색

vert [베흐] 초록색
rose [호즈] 분홍색
jaune [존느] 노란색

violet [비올레] 보라색
blanc [블렁] 흰색
noir [누아흐] 검은색

Leçon 07

Où vas-tu ?

너 어디 가니?

학습 포인트
프랑스를 방문하면 여행도 다니고 볼일도 보러 여기저기 다니게 됩니다. 이번에는 어디에 누구와 무엇을 하러 가는지 말하는 법을 배우겠습니다.

주요 문법
- 중성대명사 y / en
- 축약관사
- 명사(2)

AUDITION
이 과에서 배울 주요 표현을 미리 들어 보세요.

MP3 07-1

목적지 묻고 대답하기

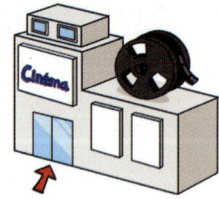

A Tu vas où ?   너 어디 가니?
B Je vais au cinéma.   나는 영화관에 가.

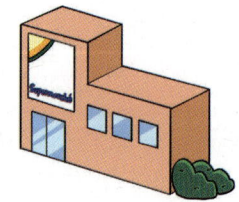

A Vous allez où ?   당신은 어디 가세요?
B Je vais au supermarché.   저는 슈퍼마켓에 가요.

A Elle va où ?   그녀는 어디에 가요?
B Elle va à l'école.   그녀는 학교에 가요.

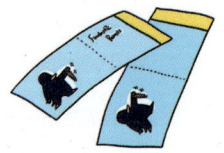

A Tu vas au cinéma avec qui ?   영화관에 누구랑 가는데?
B J'y vais avec mon ami.   나는 거기에 내 친구와 함께 가.

새로운 단어 & 표현 VOCA

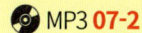

단어	품사/성	뜻	비고
acheter [아슈떼]		사다	– 1군 동사 변칙형 | j'ach**è**te | nous achetons | | tu ach**è**tes | vous achetez | | il/elle ach**è**te | ils/elles ach**è**tent | – J'achète des fleurs. 나는 꽃(들)을 산다.
avec qui [아베끄 끼]		누구와 함께	Q: Avec qui voyagez-vous ? 누구와 함께 여행하세요? A: Avec Sylvie. 실비와 함께요.
confiture [꽁피뛰흐]	n ⓕ	잼	confiture de fraises 딸기잼 confiture de raisins 포도잼
gâteau [갸또]	n ⓜ	케이크, 과자	gâteau au chocolat 초콜릿 케이크 gâteau aux carottes 당근 케이크
pain [뼁]	n ⓜ	빵	pain frais 갓 구운 신선한 빵 pain au chocolat 초콜릿 빵 pain de mie 식빵
supermarché [슈뻬흐마흐쉐]	n ⓜ	슈퍼마켓	marché ⓜ 시장 hypermarché ⓜ 대형 슈퍼마켓 boutique ⓕ 상점, 가게 grand magasin ⓜ 백화점

CONVERSATION

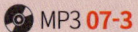

Où vas-tu ?

Minsou	Salut ! Tu vas où ?
Sophie	Salut ! Je vais au cinéma.
Minsou	Ah, avec qui ?
Sophie	J'y vais avec mon ami. Et toi, tu vas où ?
Minsou	Je vais au supermarché pour acheter du pain, de la confiture et des gâteaux.

해석

너 어디 가니?

민수 [쌀뤼! 뛰 바 우?]
안녕! 너 어디 가니?

소피 [쌀뤼! 쥬 베 오 씨네마.]
안녕! 나는 영화관에 가.

민수 [아, 아베끄 끼?]
아, 누구랑 가는데?

소피 [지 베 아베끄 모 나미. 에 뚜아, 뛰 바 우?]
나는 거기에 내 친구와 함께 가. 너는?

민수 [쥬 베 오 슈뻬흐마흐쉐 뿌흐 아슈떼 듀 뺑, 드 라 꽁피뛰흐 에 데 갸또.]
나는 빵과 잼, 그리고 케이크를 사기 위해 슈퍼마켓에 가.

발음 Tip

■ **철자 기호 [´] [`] [^]**

[´] [`] [^]는 프랑스어 철자 기호들로, **accent aigu**[악썽 떼귀], **accent grave**[악썽그라브], **accent circonflex**[악썽 씨흐꽁플렉쓰]라고 한다. 이 부호들은 모음의 발음, 특히 e의 발음을 표시하는 경우가 많다. e 위에 [´]가 붙으면 그 e를 [e][에](폐음)로 발음하고, e 위에 [`]와 [^]가 붙으면 [ɛ][에](개음)로 발음한다.

caf**é** [kafe][까페]   p**è**re [pɛːʀ][뻬흐]   t**ê**te [tɛt][떼뜨]
école [ekɔl][에꼴]   tr**è**s [tʀɛ][트헤]   f**ê**te [fɛt][페뜨]

즉 e 위에 악센트가 붙으면 [으]가 아닌 [에]로 발음한다.

GRAMMAIRE

Ⓐ 중성대명사 y

중성대명사는 〈전치사 à (또는 sur/dans/en…)+명사〉를 대신하는 대명사로 성·수의 변화 없이 동사 앞에 쓴다.

- Q Tu vas à l'école ? 너는 학교에 가니?
- A Oui, j'y vais. 응, 나는 거기에 가.

- Q Est-il dans le salon ? 그는 거실에 있니?
- A Non, il n'y est pas. 아니, 그는 거기에 없어.

참고 — 자주 쓰이는 관용구
On y va. 자, 갑시다. Allez-y. 자, 가요.

Ⓑ 중성대명사 en

중성대명사 en은 〈de+명사〉, 〈부분관사/부정관사+명사〉, 〈수량 표현과 함께 쓰인 명사〉를 대신해서 사용한다. 이때 성·수의 변화는 없다.

- Q Elle parle de son copain ? 그녀는 그녀의 남자친구에 대하여 이야기하니?
- A Oui, elle en parle souvent. 응, 그녀는 자주 그에 대해 이야기해.   * souvent 자주

- Q Tu fais du sport ? 너는 운동을 하니?
- A Oui. J'en fait. 응, 나는 그것을(=운동을) 해.   * faire du sport 운동하다

- Q Combien de livres as-tu ? 너 몇 권의 책이 있니?
- A J'en ai deux. 두 권 있어.

Ⓒ 축약관사

정관사는 전치사 à 또는 de와 함께 사용될 때 다음과 같이 축약한다.

		축약 형태	예문
전치사 à +정관사	à + le	au / à l'	Je vais au marché. 나는 시장에 간다. Je vais à l'hôpital. 나는 병원에 간다.
	à + la	à la / à l'	Elle est à la gare. 그녀는 역에 있다. Elle est à l'école. 그녀는 학교에 있다.
	à + les	aux	Nous sommes aux Champs-Élysées. 우리는 샹젤리제 거리에 있다. Il donne des bonbons aux enfants. 그는 아이들에게 사탕을 준다.
전치사 de +정관사	de + le	du / de l'	C'est le livre du professeur. 이것은 선생님의 책이다. Nous parlons de l'Opéra. 우리는 오페라에 대해 이야기한다.
	de + la	de la / de l'	Nous parlons de la musique classique. 우리는 클래식 음악에 대해 이야기한다.
	de + les	des	Ce sont les livres des étudiants. 이것은 학생들의 책이다.

D 명사(2)

명사의 복수형은 다음과 같은 규칙을 따른다.

단수 → 복수	단수	복수
단수형+s(기본형)	un enfant 아이	des enfants 아이들
	un crayon 연필	des crayons 연필들
–s/–x/–z로 끝나는 경우 그대로	un bois 나무	des bois 나무들
	une voix 목소리	des voix 목소리들
	un nez 코	des nez 코들
–au/–eau/–eu로 끝나는 경우+–x	un tuyau 파이프	des tuyaux 파이프들
	un bateau 배	des bateaux 배들
–al로 끝난 경우, –aux로 바뀜.	un animal 동물	des animaux 동물들
	un journal 신문	des journaux 신문들

EXERCICES

1. 다음 빈칸에 알맞은 축약관사를 써보세요.

    (1) un café _____ lait 밀크 커피

    (2) Il parle _____ pain. 그는 빵에 대해 말한다.

    (3) Je vais _____ jardin. 나는 정원에 간다.

    (4) Je suis _____ école. 나는 학교에 있다.

2. 다음 빈칸에 알맞은 중성대명사를 써보세요. (중복 가능)

    (1) Q Tu fais de la natation ?   * faire de la natation 수영하다

      A Oui, j'_____ fais.

    (2) Q Il est chez elle ?   * chez ~의 집에(서)

      A Non, il n'_____ est pas.

    (3) Q Tu vas à la gare ?   * gare ⓝ 정류장, 역

      A Oui, j'_____ vais.

    (4) Q Combien d'enfants avez-vous ?   * enfant ⓝ 어린이

      A J'_____ ai deux.

3. 중성대명사를 사용하여 문장을 바꿔 써보세요.

    (1) Je vais à Paris.
      ▶ _____

    (2) Elle rentre à la maison.
      ▶ _____

(3) Elles habitent dans cet appartement.

▶ _____

(4) Je prends du pain.   * pendre 먹다, 마시다

▶ _____

4. 녹음을 듣고 빈칸에 알맞은 말을 써보세요.   🎵 MP3 **07-4**

   (1) Je vais _____ cinéma.

   (2) _____ vais avec mon ami.

   (3) Je vais _____ supermarché pour acheter du pain.

   (4) Tu vas au cinéma _____ _____ ?

5. 다음 대답에 알맞은 질문을 해보세요.

   (1) Q _____   너는 어디 가니?
       A Je vais au cinéma.

   (2) Q _____   그는 무엇을 먹니?
       A Il mange du pain.

   (3) Q _____   너는 오믈렛을 먹니?
       A J'en mange.

   (4) Q _____   당신은 파리에 가요?
       A Oui, j'y vais.

오늘의 한마디

• 시간 표현 •

🎵 MP3 **07-5**

시간을 표현할 때는 기본적으로 Il est에 시간을 붙여서 말한다. '분'을 말할 때는 시간 뒤에 숫자만 쓰면 되고, '~시 ~분 전'이라고 할 때는 '분' 앞에 마이너스를 뜻하는 **moins**을 넣어서 표현한다.

> Il est + 시간

Q Quelle heure est-il ? 몇 시예요?
= Vous avez l'heure ?
= Tu as l'heure ?

A₁ Il est deux heures. 2시예요.
A₂ Il est trois heures. 3시입니다.
A₃ Il est vingt heures. 저녁 8시입니다.

🎵 MP3 **07-6**

Il est midi. 정오예요.(낮 12시)
Il est minuit. 자정이에요.(밤 12시)

Il est deux heures et demie. 2시 30분이에요. * demi(e) 절반의, 반의

Il est trois heures et quart. 3시 15분이에요.   * quart 4분의 1

Il est cinq heures moins le quart. 5시 15분 전이에요.

Leçon 08

Entrée en France

프랑스로 입국

학습 포인트

프랑스 공항에 도착해서 입국심사를 할 때 간단한 질문을 받을 수도 있습니다. 이때 필요한 간단한 말을 배우겠습니다.

주요 문법
- 명령문
- combien de ~
- 전치사 + 국명

AUDITION 이 과에서 배울 주요 표현을 미리 들어 보세요.

MP3 08-1

프랑스로 입국할 때

A Montrez-moi votre passeport, s'il vous plaît. 당신의 여권을 보여 주세요.
B Le voici. 여기 있습니다.

A Quel est le but de votre voyage ? 당신의 여행 목적은 무엇입니까?
B C'est pour faire du tourisme. 관광을 하기 위해서요.

A Vous restez combien de temps ? 당신은 며칠 동안 여행을 할 것입니까?
B Pendant 5 jours. 5일 동안이요.

A Bon voyage ! 좋은 여행 하세요!
B Merci ! 고맙습니다!

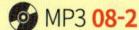

새로운 단어 & 표현 VOCA

단어	품사/성	뜻	비고
but [뷔뜨]	n Ⓜ	목적, 목표	Q: Quel est l'objectif(le but) de votre voyage ? 당신의 여행 목적은 무엇입니까? A: C'est pour rencontrer mes amis. 내 친구들을 만나기 위해서요.
chez [쉐]		~의 집에	chez toi 너의 집에
montrer [몽트헤]		보여주다	— 동사 변화 je montre / nous montrons tu montres / vous montrez il/elle montre / ils/elles montrent
passeport [빠쓰뽀흐]	n Ⓜ	여권	la carte d'identité 신분증 la carte d'étudiant 학생증
pendant [뻥덩]		동안	pendant une semaine 일주일 동안 pendant un mois 한 달 동안 pendant une année 1년 동안
temps [떵]	n Ⓜ	(일정한) 시간, 기간	
tourisme [뚜히즘]	n Ⓜ	관광	office du tourisme 관광 안내소 faire du tourisme 관광을 하다
un peu [엉 쁘]		약간	beaucoup 많이
voici [브와씨]		여기에 ~가 있다	voilà 저기에 ~가 있다

CONVERSATION

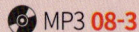

Entrée en France

M. contrôleur	Bonjour, montrez-moi votre passeport, s'il vous plaît.
Soumi	Le voici.
M. contrôleur	Vous parlez français ?
Soumi	Oui, un peu.
M. contrôleur	Très bien. Quel est le but de votre voyage ?
Soumi	C'est pour faire du tourisme en France.
M. controleur	Vous voyagez pour combien de temps ?
Soumi	Pour 5 jours.
M. contrôleur	Où restez-vous pendant votre voyage ?
Soumi	Je vais rester chez mes amis.
M. contrôleur	Bon voyage !
Soumi	Merci !

프랑스로 입국

검사관 [봉쥬흐, 몽트헤-무아 보트흐 빠스뽀흐, 씰 부 쁠레.]
안녕하세요. 당신의 여권을 보여 주세요.

수미 [르 브와씨.]
여기 있습니다.

검사관 [부 빠홀레 프헝쎄?]
당신은 프랑스어를 말합니까?

수미 [위, 엉 쁘.]
네. 조금요.

검사관 [트레 비앙. 껠 레 르 뷔뜨 보트흐 부와이아쥬?]
좋아요. 당신의 여행 목적은 무엇입니까?

수미 [쎄 뿌흐 페흐 뒤 뚜히즘 엉 프헝쓰.]
프랑스에서 관광을 하기 위해서요.

검사관 [부 부와이아줴 뿌흐 꼼비앙 드 떵?]
당신은 며칠 동안 여행할 것입니까?

수미 [뿌흐 쌩 쥬흐.]
5일 동안이요.

검사관 [우 헤스떼-부 뻥덩 보트흐 부와이아쥬?]
여행 동안 어디서 머물 거예요?

수미 [쥬 베 헤스떼 쉐 메 자미.]
제 친구들 집에서 머무를 겁니다.

검사관 [봉 부와이아쥬!]
좋은 여행 하세요!

수미 [메흐씨!]
고맙습니다!

어휘

arrivée ⓕ 도착	billet d'avion ⓜ 비행기 표	salle d'attente ⓕ 대합실
départ ⓜ 출발	bagage ⓜ 짐	visa ⓜ 비자
vol ⓜ (비행기) 편	porte d'embarquement ⓕ 탑승구	

표현

À quelle heure est le départ ? 몇 시에 출발합니까?
Combien de bagages avez-vous ? 짐이 몇 개입니까?
Combien pèsent-ils ? 무게가 얼마나 되나요?
Vous devez payer un supplément ? 추가 요금을 더 내셔야 합니다.

GRAMMAIRE

Ⓐ 명령문

명령문은 2인칭 단수, 1인칭 복수, 2인칭 복수가 있으며 요구, 희망, 제안의 뜻으로 사용한다. 동사의 2인칭 단수와 복수 그리고 1인칭 복수에 해당하는 현재형에서 주어를 생략한다. 2인칭 단수의 어미가 -es인 경우 s를 생략한다.

인칭대명사	parler	finir	sortir
tu	Parle ! 말해!	Finis ! 끝내!	Sors ! 나가!
nous	Parlons ! 말하자!	Fnissons ! 끝내자!	Sortons ! 나가자!
vous	Parlez ! 말해 주세요!	Finissez ! 끝내 주세요!	Sortez ! 나가 주세요!

참고 ― aller의 2인칭 단수 vas에서도 s를 뺀다.
　　　Tu vas. → Va ! 가!

- 용법

① 명령이나 금지를 나타낸다.

　　Ferme la porte ! 문을 닫아라! 　　　　　　　　　　　　　　　＊ fermer 닫다
　　Ne parlez pas très fort ! 크게 말하지 마세요! 　　　　　　　＊ fort 세게, 강하게

② 독려 또는 권고를 나타낸다.

　　Essayez cette robe ! 이 원피스를 입어 보세요! 　　　　　　＊ essayer (맞는지) 입다, 신어 보다
　　Ne mange pas trop ! 너무 많이 먹지 마라!

③ 기원이나 청원을 나타낸다.

　　Fais un bon voyage ! 좋은 여행 해라!

Ⓑ combien de ~

수량을 물을 때 사용하며 명사와 함께 쓸 때는 de로 연결한다.

　Q　Combien de livres as-tu ? 너는 몇 권의 책을 가지고 있니?
　A　J'ai trois livres. 나는 3권의 책을 가지고 있어.

　Q　Combien d'argent avez-vous ? 당신은 얼마의 돈을 가지고 있습니까?
　A　J'ai peu d'argent. 나는 약간의 돈을 가지고 있어요.

ⓒ 전치사 + 국명

국명을 표현할 때, 의미에 따라 몇몇 전치사로 표현할 수 있다.

~에(서)	en + 여성 국명·모음으로 시작되는 남성 국명	en Corée 한국에서
		en France 프랑스에서
	au + 남성 국명	au Canada 캐나다에서
		au Japon 일본에서
	aux + 복수형 국명	aux Etats-Unis 미국에서
~로부터	de + 여성 국명·모음으로 시작되는 남성 국명	de la Corée 한국으로부터
		de la France 프랑스로부터
	du + 남성 국명	du Canada 캐나다로부터
		du Japon 일본으로부터
	des + 복수형 국명	des Etats-Unis 미국으로부터

EXERCICES

1. 다음 문장을 명령형으로 바꿔 써보세요.

    (1) Vous finissez le travail.
    ▶ _____

    (2) Nous téléphonons à notre professeur.
    ▶ _____

    (3) Vous ne fumez pas.
    ▶ _____

    (4) Tu ne pars pas.   * partir 떠나다
    ▶ _____

2. 다음 보기 중에서 빈칸에 알맞은 말을 골라 써보세요.

    | 보기 | en   au   aux   de   du   des

    (1) Je veux envoyer cette lettre _____ Corée.   * envoyer 보내다, lettre ⓕ 편지
    (2) Il vient _____ France.   * venir 오다
    (3) J'habite _____ Mexique.
    (4) Tu es _____ Etats-Unis.

3. 다음 문장을 프랑스어 문장으로 써보세요.

    (1) 당신은 몇 명의 아이들이 있습니까?
    ▶ _____

    (2) 그녀는 프랑스에서 프랑스어를 공부한다.
    ▶ _____

(3) 그곳에 가라!

▶ _____

(4) 너무 많이 먹지 마세요.

▶ _____

4. 녹음을 듣고 빈칸에 알맞은 말을 써보세요.   🎵 MP3 08-4

(1) _____-moi votre passeport, s'il vous plaît.

(2) Je parle _____ _____ français.

(3) Quel est _____ _____ de votre voyage ?

(4) Vous voyagez pour _____ _____ _____ ?

5. 다음 질문에 알맞은 대답을 해보세요.

(1) Q Vous parlez chinois ?

　　A _____ 네, 저는 중국말을 조금 합니다.

(2) Q Quel est le but de votre voyage ?　　* étudier 공부하다

　　A _____ 공부를 위해서요.

(3) Q Vous travaillez le français combien de temps ?　　* travailler 일하다, 공부하다

　　A _____ 2년 동안이요.

(4) Q Qu'est-ce que vous visitez pendant votre voyage ?　　* visiter 방문하다

　　A _____ 저는 루브르 박물관을 방문할 거예요.
　　　　　　　　　　　　　　　　　　　　　　　* musée du Louvre ⓜ 루브르 박물관

생생 프랑스 정보

• 샤를드골 국제공항에서 시내 가기 •

샤를드골 Charles de Gaulle 공항에서 파리 시내로 들어갈 때의 교통수단에 대해서 살펴보자.

RER B선

RER [에흐으에흐]는 가장 저렴하고 길이 막히지 않는 장점이 있지만, 이동 경로가 길기 때문에 짐이 많으면 좀 힘들 수 있다.

루와시 버스(Roissy Bus)

드골공항에서 Opéra[오뻬하](오페라)역까지 직행으로 운행되는 버스이다. 숙소가 오페라 역 근처에 있다면 루와시 버스를 이용하면 편리하다.

에어 프랑스(Air France) 리무진 버스

버스에 Le bus direct이라고 써 있다. 다른 교통 수단에 비해 약간 비싸지만 항공사에서 운행하기 때문에 편안하고 안전하다. 숙소가 Arc de Triomphe[아흐끄 드 트리옹쁘](개선문) 가까이에 있다면, 에어프랑스 리무진 버스를 이용하면 좋다.

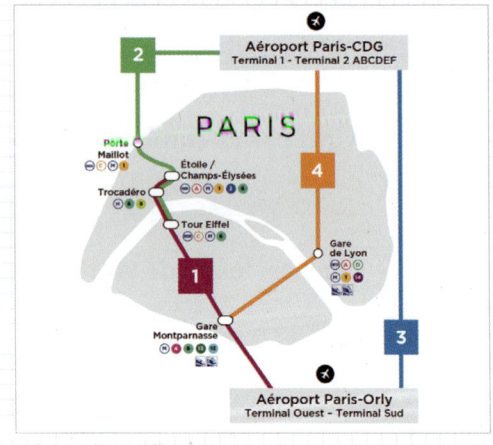

에어 프랑스 노선표

한국 속 프랑스어

■ 르꼬끄 스포르티브 le coq sportif

우리나라에서 흔히 볼 수 있는 스포츠 브랜드명이다. '르꼬끄 스포르티브'는 프랑스의 스포츠 용품 및 의류 제조업체로 1882년에 설립되었다. 회사 이름이자 브랜드명인 le coq sportif [르꼬끄 스포흐띠프]는 '스포츠 수탉'이라는 뜻이다. 회사 로고에 보면 빨간 삼각형 안에 닭이 있는데, 수탉은 프랑스를 상징하는 동물이다.

Leçon 09

À la douane

세관에서

학습 포인트
프랑스로 입국을 할 때 세관을 통과하려면 짐 조사를 받아야 합니다. 이때 사용되는 표현들을 배워 보겠습니다.

주요 문법
- 부정형용사
- 준조동사
- avoir 동사+무관사 명사

AUDITION

이 과에서 배울 주요 표현을 미리 들어 보세요.

MP3 **09-1**

세관 통과하기

A Combien de valises avez-vous ?   당신은 몇 개의 여행 가방을 가지고 있나요?
B Trois en tout.   전부 3개요.

A Vous avez quelque chose à déclarer ?   당신은 신고할 것이 있나요?
B Non. Rien.   아니오. 아무것도 없어요.

A Ouvrez votre valise, s'il vous plaît.   당신의 가방을 열어 주세요.
B D'accord.   알겠습니다.

A Vous pouvez passer.   지나가세요.
B Merci !   고맙습니다!

새로운 단어 & 표현 VOCA

단어	품사/성	뜻	비고
avoir besoin de [아브와흐 브주엥 드]		~이 필요하다	[avoir besoin de+명사/동사 원형] 형태로 쓴다.
bouteille [부떼이흐]	n ⓕ	병	une bouteille de vin 포도주 한 병 une bouteille de lait 우유 한 병
cadeau [까도]	n ⓜ	선물	cadeau de Noël 크리스마스 선물 cadeau d'anniversaire 생일 선물
cigarette [씨가헤뜨]	n ⓕ	담배	fumer 담배를 피우다
déclarer [데끌라헤]		신고하다	– 동사 활용 je déclare / nous déclarons tu déclares / vous déclarez il/elle déclare / ils/elles déclarent
en tout [엉 뚜]		모두 (합해서)	au total 전부 합해서, 총액
ouvrir [우브히흐]		열다	– 동사 활용 j'ouvre / nous ouvrons tu ouvres / vous ouvrez il/elle ouvre / ils/elles ouvrent
papier [빠삐에]	n ⓜ	서류, 증명서(복수)	
paquet [빠께]	n ⓜ	상자, (담배) 등의 갑	– 수량 단위 명사 조각 morceau un morceau de pain 빵 한 조각 잔 tasse une tasse de café 커피 한 잔 컵 verre un verre d'eau 물 한 잔
quelque [껠끄]		어떤, (복수) 몇몇의	Q: Tu as quelque chose ? 너 무슨 일 있니? A: Non, je n'ai rien. 아니, 아무 일도 없어.
rien [히앙]		아무것도 ~ 아니다	생략문에서 ne 없이 사용한다.
valise [발리즈]	n ⓕ	여행용 가방	sac ⓜ 가방 sac à dos 배낭 sac à main 손가방, 핸드백

CONVERSATION

À la douane

Douanière	Bonjour, Monsieur, combien de valises avez-vous ?
M. Lee	Trois en tout.
Douanière	Vous avez quelque chose à déclarer ?
M. Lee	Non. Rien.
Douanière	Alors, vous n'avez pas besoin de ces papiers. Ouvrez votre valise, s'il vous plaît.
M. Lee	D'accord. J'ai deux bouteilles de vin et un paquet de cigarette. Mais ce sont des cadeaux pour ma famille.
Douanière	Bien. Vous pouvez passer.
M. Lee	Merci ! Bonne journée.

세관에서

세관원 [봉쥬흐, 무슈, 꼼비앙 드 발리즈 아베-부?]
안녕하세요, 당신은 몇 개의 여행 가방을 가지고 있나요?

이씨 [트후아 엉 뚜.]
전부 3개요.

세관원 [부 자베 껠끄 쇼즈 아 데끌라헤?]
당신은 신고할 것이 있나요?

이씨 [농. 히앙.]
아니요. 아무것도 없어요.

세관원 [알로흐, 부 나베 빠 브주엥 드 쎄 빠삐에.]
그러면 당신은 이 서류가 필요없겠군요.
[우브헤 보트흐 발리즈, 씰 부 쁠레.]
당신의 가방을 열어 주세요.

이씨 [다꼬흐. 줴 두 부떼이으 드 뱅 에 엉 빠께 드 씨가헤뜨.]
알겠습니다. 저는 포도주 2병과 담배 한 박스를 가지고 있어요.
[메 스 쏭 데 까도 뿌흐 마 파미으.]
그러나 이것들은 내 가족의 선물입니다.

세관원 [비앙. 부 뿌베 빠세.]
알겠습니다. 지나가세요.

이씨 [메흐씨! 본 쥬흐네.]
고맙습니다! 좋은 하루 보내세요.

어휘&표현 플러스

■ 어휘

| atterrissage ⓜ 착륙 | consigne ⓕ 수화물 보관소 | porteur ⓜ 포터 |
| chariot ⓜ 짐수레 | livraison ⓕ 배달, 수화물 인도 | sortie ⓕ 출구 |

■ 표현

Je voudrais un chariot.	카트를 원합니다.
Je viens pour tourisme(pour affaires).	관광(업무)으로 왔습니다.
Montrez-moi vos papiers.	증빙 서류를 좀 보여 주세요.
Prenez mes bagages, s'il vous plaît.	저의 짐들을 들어 주세요.

A 부정형용사

부정형용사는 명사의 성질, 수량 등을 막연히 한정하는 형용사이다. 부가형용사로 쓰이며 대부분 명사 앞에 온다.

남성·여성 단수	남성·여성 복수
autre	autres
quelque	quelques

● 용법

① autre: '다른, 별개의'라는 뜻으로 쓰인다.
　J'ai un autre livre. 나는 다른 책을 가지고 있다.
　Ce sont d'autres choses. 그것은 다른 문제이다.

② quelque: 단수는 '어떤', 복수는 '몇몇의, 약간의'라는 뜻으로 쓰인다.
　J'ai quelques choses à manger. 나는 먹을 것이 약간 있다.
　Je le lis dans quelque journal. 나는 어떤 신문에서 그것을 읽는다.

B 준조동사

동사의 원형을 이끌어 조동사적으로 쓰이는 동사들을 준조동사라 한다. 자주 쓰이는 준조동사 4가지를 알아보자.

	devoir	pouvoir	savoir	vouloir
je	dois	peux	sais	veux
tu	dois	peux	sais	veux
il / elle	doit	peut	sait	veut
nous	devons	pouvons	savons	voulons
vous	devez	pouvez	savez	voulez
ils / elles	doivent	peuvent	savent	veulent

- **용법**

    ① **devoir**＋동사 원형 : 의무, 추측 (~해야만 한다, ~일 것이다)

    Je dois dormir. 나는 자야만 한다.

    Il doit être heureux. 그는 행복한 것 같다.

    ② **pouvoir**＋동사 원형 : 가능성, 용인(~할 수 있다)

    Je peux parler français. 나는 프랑스어를 할 수 있다.

    Nous pouvons nager. 우리는 수영을 할 수 있다.

    ③ **savoir**＋동사 원형 : ~할 줄 안다

    Je sais parler français. 나는 프랑스어를 할 줄 안다.

    Nous savons patiner. 우리는 스케이트를 탈 줄 안다.

    ④ **vouloir**＋동사 원형 : 희망, 의지 (~하고 싶다)

    Je veux voyager. 나는 여행하고 싶다.

    Nous voulons prendre du café. 우리는 커피를 마시고 싶다.

C avoir 동사+무관사 명사

① avoir＋무관사 명사

J'ai mal. 나는 아프다.　　　　**J'ai chaud.** 나는 덥다.

J'ai froid. 나는 춥다.　　　　**J'ai faim.** 나는 배고프다.

J'ai soif. 나는 목마르다.　　　**J'ai sommeil.** 나는 졸리다.

② avoir＋무관사 명사＋de＋명사/동사 원형 : 필요와 욕구의 뜻을 나타낸다.

avoir besoin de ~이 필요하다　　→ **J'ai besoin d'argent.** 나는 돈이 필요하다.

avoir envie de ~을 가지고 싶다　　→ **J'ai envie d'une voiture.** 나는 차를 갖고 싶다.

③ avoir＋mal＋à＋신체부위 명사 : '~가 아프다'의 뜻을 나타낸다.

J'ai mal à la tête. 나는 머리가 아프다.　　**J'ai mal au ventre.** 나는 배가 아프다.

J'ai mal aux jambes. 나는 다리가 아프다.

EXERCICES

1. 다음 보기에서 빈칸에 알맞은 부정형용사를 골라 써보세요.

   | 보기 | autre(s)   quelque(s)

   (1) J'invite _____ amis ce soir. [몇 명의 친구들]

   (2) Elle achète d'_____ crayons. [다른 연필들]

   (3) J'ai _____ chose à faire. [어떤 할 일]

   (4) J'ai d'_____ fleurs. [다른 꽃들]

2. 다음 보기에서 빈칸에 알맞은 준조동사를 골라 써보세요.

   | 보기 | devoir   pouvoir   savoir   vouloir

   (1) Il fait froid. Nous ne _____ pas nager. 날씨가 춥다. 우리는 수영을 할 수 없다.

   (2) Vous _____ conduire. 당신은 운전할 줄 안다.

   (3) Elle _____ finir son travail. 그녀는 (그녀의) 일을 끝내야만 한다.

   (4) Je _____ partir en France. 나는 프랑스로 떠나고 싶다.

3. 다음 문장을 프랑스어로 써보세요.

   (1) 그는 머리가 아프다.
      ▶ _____

   (2) 저는 프랑스어를 할 줄 알아요.
      ▶ _____

(3) 당신은 먹을 것이 약간 있습니까?
▶ _____

(4) 우리는 다른 모델들을 가지고 있어요.
▶ _____

4. 녹음을 듣고 빈칸에 알맞은 말을 써보세요.   MP3 **09-4**

(1) _____ _____ valises avez-vous ?

(2) Vous avez quelque chose à _____ ?

(3) _____ votre sac, s'il vous plaît.

(4) Ce sont des _____ .

5. 다음 질문에 알맞은 대답을 해보세요.

(1) Q Combien d'amis avez-vous ?
    A _____ 저는 전부 3명의 친구가 있어요.

(2) Q Vous avez quelque chose à manger ?
    A _____ 아니요, 아무것도 먹지 않아요.

(3) Q Tu veux du café ?
    A _____ 아니, 고맙지만 사양할게.

(4) Q Vous avez besoin d'argent ?
    A _____ 네, 저는 돈이 필요해요.

생생 프랑스 정보

• 프랑스의 면세 정보 알아 두기 •

면세를 받으려면 한 가게에서 하루 총액 175.01유로 이상을 구매해야 하고, 세관 도장을 받은 면세 서류는 구입일로부터 6개월 이내에 신청하면 된다. 면세 승인을 받기 위해서는 공항 내에 있는 Détace Douane[데딱쓰 두완느]에 가서 면세점에서 받은 서류, 여권, 탑승권을 제시한 후 서류에 확인 도장을 받으면 된다.

프랑스 입국시 면세 범위

알코올	22도 이상 1L / 22도 미만 2L
와인	4L
담배	200개피
총액	430유로 이하의 물품

한국 속 프랑스어

■ **뚜레쥬르 Tous les jours**

프랜차이즈 제과점 '뚜레쥬르' 간판을 본 적이 있을 것이다. 길을 가다 보면 쉽게 볼 수 있는 빵집 간판이다. Tous les jours[뚤 레 쥬흐]는 '매일'이라는 뜻인데, 매일 신선한 빵이 나온다는 의미로 이름을 붙인 것 같다. 앞으로 '뚜레쥬르'라고 읽지 말고 세 단어를 연결하여 [뚤레쥬흐]라고 정확하게 발음해 보자.

Leçon 10

Demander son chemin

길 묻기

학습 포인트
요즘은 스마트폰에 내비게이션이 잘돼 있어서 예전보다 길 찾기가 쉬워졌지만, 스마트폰 지도를 사용할 수 없을 때는 행인에게 길을 물어봐야겠죠! 이번에는 길을 찾을 때 필요한 기본 표현을 배우겠습니다.

주요 문법
- 장소 표현 전치사
- 대명동사

AUDITION   이 과에서 배울 주요 표현을 미리 들어 보세요.

MP3 **10-1**

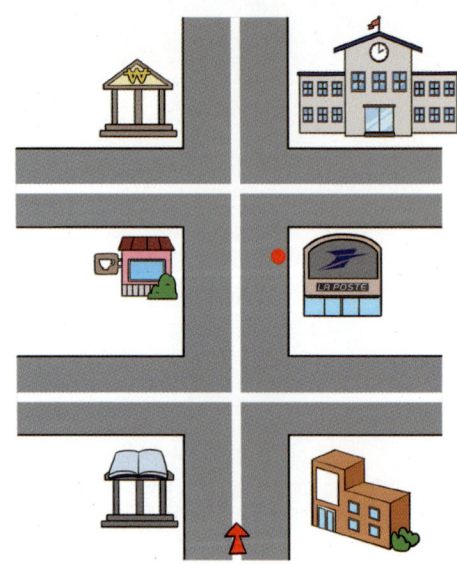

길 찾아가기

A   Où se trouve la poste ?   우체국이 어디에 있나요?
B   Vous allez tout droit.   쭉장 가세요.

A   C'est près d'ici ?   여기서 가까워요?
B   Oui. 5 minutes à pied.   네. 걸어서 5분이요.

A   Vous prenez la première rue à droite.   오른쪽 첫 번째 길로 가세요.
B   D'accord.   알겠습니다.

A   Je vous remercie.   고맙습니다.
B   De rien.   천만에요.

새로운 단어 & 표현 VOCA

단어	품사/성	뜻	비고
à gauche [아 고쉬]	adv	왼쪽에	à droite 오른쪽에
à pied [아 삐에]		걸어서	à cheval 말을 타고 à vélo 자전거를 타고
De rien ! [드 히앙]		천만에요!	Pas de quoi. 별것 아닌데요. Je vous en pris. 천만의 말씀입니다.
enfin [엉펭]		마침내	
ensuite [엉쉬뜨]	adv	그러고 나서	puis 그러고 나서, 그 후에
ici [이씨]	adv	여기에	là bas 저기에
place [쁠라쓰]	n ⓕ	광장	place는 (사람·물체의) '자리, 좌석'의 뜻도 있다.
poste [뽀스뜨]	n ⓕ	우체국	– [aller à+정관사]의 단축 　aller à la poste 우체국에 가다 　aller au marché (재래) 시장에 가다 　aller à la banque 은행에 가다 　aller au café 커피숍에 가다 　aller au restaurant 레스토랑에 가다
prendre [프헝드흐]		(길·방향을) 택하다. 접어들다	– 동사 변화 <table><tr><td>je prends</td><td>nous prenons</td></tr><tr><td>tu prends</td><td>vous prenez</td></tr><tr><td>il/elle prend</td><td>ils/elles prennent</td></tr></table>prendre la premier rue 첫 번째 길로 가다
près de ~ [프헤 드]		가까이에	loin de ~ : ~에서 멀리 떨어진 à coté de ~ : ~의 가까이에
remercier [흐메흐씨에]		(~에게) 감사하다	– 동사 변화 <table><tr><td>je remercie</td><td>nous remercions</td></tr><tr><td>tu remercies</td><td>vous remerciez</td></tr><tr><td>il/elle remercie</td><td>ils/elles remercient</td></tr></table>
se trouver [스 트후베]		어느 위치에 있다	같은 뜻으로 être를 쓸 수 있다.
tourner [뚜흐네]		(길을) 돌다	– 동사 변화 <table><tr><td>je tourne</td><td>nous tournons</td></tr><tr><td>tu tournes</td><td>vous tournez</td></tr><tr><td>il/elle tourne</td><td>ils/elles tournent</td></tr></table>
tout droit [뚜 두와]		곧장	

CONVERSATION

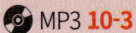

Demander son chemin

Soumi	Pardon, Monsieur ! Où se trouve la poste ?
Monsieur	Vous allez tout droit.
	Et vous prenez la première rue à droite.
	Ensuite, vous passez devant la place.
	Puis vous tournez à gauche.
	Enfin, vous arrivez à la poste.
Soumi	C'est près d'ici ?
Monsieur	Oui. 5 minutes à pied.
Soumi	Je vous remercie.
Monsieur	De rien.

길 묻기

수미 [빠흐동, 무슈! 우 스 트후브 라 뽀스뜨?]
실례합니다. 아저씨! 어디에 우체국이 있나요?

남자 [부 잘레 뚜 두아.]
곧장 가세요.
[에 부 프흐네 라 프흐미에흐 휘 아 두와뜨.]
그리고 오른쪽 첫 번째 길로 가세요.
[엉쉬뜨, 부 빠쎄 드벙 라 쁠라쓰.]
그 다음에 큰 광장 앞을 지나세요.
[쀠 부 뚜흐네 아 고쉬.]
그리고 왼쪽으로 돌으세요.
[엉펭, 부 자히베 아 라 뽀스뜨.]
마침내 우체국에 도착할 겁니다.

수미 [쎄 프헤 디씨?]
여기서 가까워요?

남자 [위. 쌩 미뉘뜨 아 삐에.]
네. 걸어서 5분이요.

수미 [쥬 부 흐메흐씨.]
고맙습니다.

남자 [드 히앙.]
천만에요.

어휘&표현 플러스

■ 어휘

rue ⓕ (도시의 거리) 길	feu ⓜ 교통신호등	carrefour ⓜ 교차로
avenue ⓕ (도시의) 큰 가로	piéton(ne) 보행자	quartier ⓜ (도시의) 구, 구역
boulevard ⓜ 대로, 큰길	pont ⓜ 다리	

■ 표현

Je suis perdu(e). 나는 길을 잃었어요.
Prenez la rue en face. 맞은편 길로 가세요.
Vous devez tourner à gauche après le feu. 신호등을 지나 왼쪽으로 가세요.
Il faut traverser la place. 광장으로 가로질러 가세요.

GRAMMAIRE

Ⓐ 장소 표현 전치사

sur ~ 위에
Le chat est sur le lit. 고양이가 침대 위에 있어요.

sous ~ 아래에
Le chien est sous le lit. 개가 침대 아래에 있어요.

dans ~ 안에
Je suis dans la chambre. 나는 방 안에 있어요.

devant ~ 앞에
La table est devant la porte. 테이블이 문 앞에 있어요.

derrière ~ 뒤에
La chaise est derrière la table. 의자가 테이블 뒤에 있어요.

entre ~ et ~ ~ 와 ~ 사이에
Je suis entre le chien et le chat. 나는 개와 고양이 사이에 있어요.

près de ~ 근처에
La poste est près de la banque. 우체국이 은행 근처에 있어요.

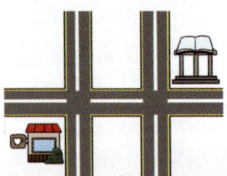
loin de ~ 멀리 떨어진
Le café est loin de la bibliothèque.
커피숍은 도서관에서 멀리 떨어져 있어요.

ⓑ 대명동사

재귀 인칭대명사를 동반하는 동사로 주어 자신에게 행위가 미치게 되는 동사를 말한다. se는 주어의 인칭과 수에 따라 변화한다.

	se lever 일어나다	s'aimer 서로 사랑하다	se moquer 놀리다
je	me lève	m'aime	me moque
tu	te lèves	t'aimes	te moques
il/elle	se lève	s'aime	se moque
nous	nous levons	nous aimons	nous moquons
vous	vous levez	vous aimez	vous moquez
ils/elles	se lèvent	s'aiment	se moquent

① 재귀적 대명동사: 주어가 행하는 동작이 주어 자신에게 되돌아가는 가는 경우이다.

  Je me lève à 7 heures. 나는 7시에 일어난다.
  Elle ne se couche pas à 11 heures. 그녀는 11시에 자지 않는다.   *se coucher 자다

② 상호적 대명동사: 주어가 행한 동작이 서로에게 미치는 경우이다. 따라서 주어는 항상 복수이다.

  Elles s'aiment. 그녀들은 서로 사랑한다.
  Ils se regardent. 그들은 서로를 바라본다.

③ 수동적 대명동사: 수동적 의미로 쓰인다. 주어는 사물이고 3인칭만 쓰인다.

  La porte se ferme. 문이 닫힌다.
  Ses livres se vendent bien. 그의 책들은 잘 팔린다.   *se vendre 팔리다

④ 본질적 대명동사: 항상 대명동사 형태로만 쓰인다.

  Il se moque de moi. 그는 나를 놀린다.   *se moquer de ~ ~을 비웃다
  Je m'en vais. 나 간다.   *s'en aller 가 버리다

EXERCICES

1. 다음 빈칸에 대동사의 알맞은 형태를 써보세요.

   (1) Tu _____ _____ les dents. [se brosser]

   * se brosser les dents 이를 닦다

   (2) Elle _____ dans la chambre. [s'habiller]   * s'habiller 옷을 입다

   (3) Nous _____ _____ les mains. [se laver]   * se laver 몸을 씻다

   (4) Vous _____ _____ à 9 heures. [se coucher]

2. 다음 빈칸에 알맞은 장소 전치사를 써보세요.

   (1) Le chien est _____ la chaise. [뒤]

   (2) Il est _____ un livre. [앞]

   (3) Elles sont _____ _____ la poste. [근처]

   (4) Je suis _____ le chien _____ le chat. [사이]

3. 다음 문장을 프랑스어로 써보세요.

   (1) 우체국 앞을 지나가세요.
   ▶ _____

   (2) 나는 6시에 일어난다.
   ▶ _____

   (3) 여기서 멀어요?
   ▶ _____

   (4) 오른쪽으로 도세요.
   ▶ _____

4. 녹음을 듣고 빈칸에 알맞은 말을 써보세요. 　　　　　　　　MP3 **10-4**

   (1) Où _____ _____ la poste ?

   (2) Vous allez _____ _____.

   (3) Vous passez devant _____ _____.

   (4) Vous _____ à gauche.

5. 다음을 프랑스어로 말해 보세요.

   (1) 신호등을 지나서 오른쪽으로 돌으세요.
   ▶ _____

   (2) 광장을 가로질러 가세요.
   ▶ _____

   (3) 그러고 나서 사거리까지 가세요.
   ▶ _____

   (4) 우체국 바로 옆에 있어요.
   ▶ _____

   (5) 여기서 가까운 은행이 있나요?
   ▶ _____

생생 프랑스 정보

• 파리에서 대중교통 이용하기 •

파리 시내는 20개의 구로 나누어져 있고, Métro[메트로](지하철) 구역은 1~5존으로 나누어져 있다. 에펠탑, 개선문, 루브르 박물관 등 주요 관광 명소는 1존과 2존에 모여 있다. 지하철 외에 RER[에흐으에흐](도심 고속 국철), Tram[트람](트램), 버스 등 여러 가지 교통편을 이용해 보자.

(요금은 2016년 기준)

Ticket t +
1회권 티켓으로 성인 기준 1.90유로이다. 1시간 30분 이내에는 지하철에서 지하철, 버스에서 버스, 버스에서 트램, 지하철에서 RER로 환승할 수 있다. 단, 버스에서 티켓을 구매할 수 있는데 이 경우는 환승되지 않으며 요금은 2유로이다.

까르네 Carnet
1회권 10장을 한 묶음으로 판매하는 것을 '까르네'라고 한다. 14.10유로로 약 27%가 저렴하다. 대중교통을 주로 이용할 사람들에게 까르네를 추천한다.

모빌리스 Mobilis
1일 무제한권으로 구매한 구역(zone)에서는 하루 동안 모든 대중교통이 무제한 탑승 가능한 유용한 티켓이다. 현재 1~2존이 가장 기본인데 성인 기준 7.30유로이다. 다만, 5존까지 가능한 티켓을 구매해도 샤를드골 공항에서는 사용할 수 없다.

나비고 Psse Navigo Découverte
나비고는 정액권 개념의 패스로 1주일권과 1개월권이 있다. 2015년 9월부터 기존에 1~5구간으로 나누어진 요금제에서 한 구간에 포함된 모든 요금이 동일하게 바뀌었다. 파리에서 장기 체류할 때 이용하면 경제적이다. 1~2존의 1주일권 가격은 22.15유로, 1개월권은 73유로이다.

파리 비지뜨 Paris visite
외국인 여행자들을 위한 패스로 모든 공항에서 사용할 수 있다. 1, 2, 3, 5일권이 있으며 파리와 근교 관광지 입장권도 할인받을 수 있다. 1~3존과 1~5존으로만 이용할 수 있으며, 1~3존 1일권 가격은 11.65유로이다.

한국 속 프랑스어

■ 모나미 mon ami

일상 속에서 가장 많이 쓰는 필기구로 연필과 볼펜이 있다. 볼펜 브랜드 중에서 '모나미 볼펜'이 있는데, 이것은 우리나라 유성볼펜 회사에서 1963년도에 '모나미153'이라는 이름으로 만들어진 것이다. 프랑스어로 mon[몽]은 '나의', ami[아미]는 '남자 친구'이다. 따라서 '나의 남자 친구'라는 의미가 된다. 두 단어가 연음되기 때문에 [모나미]라고 읽으면 된다.

Leçon 11

À la gare

기차역에서

학습 포인트
프랑스에서 기차 여행은 빼놓을 수 없는 재미 중의 하나입니다. 이번에는 단순 미래형을 이용하여 기차표를 예매하는 표현을 배우겠습니다.

주요 문법
- 단순 미래
- tout의 용법

AUDITION

이 과에서 배울 주요 표현을 미리 들어 보세요.

MP3 **11-1**

기차표 사기

A Quand voulez-vous partir ?   언제 출발하기를 원하세요?
B Je partirai le 16 Janvier.   저는 1월 16일 출발할 것입니다.

A Fumeurs ou non-fumeurs ?   흡연석을 원하세요 아니면 금연석을 원하세요?
B Non-fumeurs, s'il vous plaît.   금연석을 주세요.

A Première ou seconde classe ?   1등석을 원하세요 아니면 2등석을 원하세요?
B Seconde classe, s'il vous plaît.   2등석을 주세요.

A Ça fait combien ?   얼마예요?
B Ça fera 200 euros.   전체 200유로예요.

새로운 단어 & 표현 VOCA

단어	품사/성	뜻	비고

ça fait [싸 페]			– Ça fait~ 구문
			• Ça fait + 형용사
			  Ça fait joli. 그것 참 예쁘다.
			• Ça fait + 숫자
			  Ça fait 20 euros. 합계 20유로이다.
			  (숫자 + euro는 연음으로 발음하기도 한다.)
			  Ça fait vraiment longtemps ! 참 오랜만이네!

D'accord ! [다꼬흐]		알겠다, 동감이다!	– '저는 동의(찬성)하지 않습니다' 표현 Pas d'accord. / Je ne suis pas d'accord.
faire [페흐]		하다, 만들다	– 동사 변화 je fais / nous faisons [프종] tu fais / vous faites il/elle fait / ils/elles font
fumeur [퓌메흐]	n ⓜ	흡연자(석)	non-fumeurs 금연(석)
partir [빠흐띠흐]		출발하다	– 동사 변화 je pars / nous partons tu pars / vous partez il/elle part / ils/elles partent
préférer [프헤뻬헤]		선호하다	– 1군 변칙 동사 je préfère / nous préférons tu préfères / vous préférez il/elle préfère / ils/elles préfèrent
première classe [프흐미에흐 끌라쓰]		1등석	seconde classe 2등석
réserver [헤제흐베]		예약하다	– 동사 변화 je réserve / nous réservons tu réserves / vous réservez il/elle réserve / ils/elles réservent réserver une place 자리 하나를 예약하다 annuler une réservation 예약을 취소하다
vers [베흐]		~경	– vers의 다른 뜻 : ~ 쪽으로 Je reviens vers toi. 내가 너 쪽으로 다시 올게.
souhaiter [수에떼]		바라다, 원하다	– 동사 변화 je souhaite / nous souhaitons tu souhaites / vous souhaitez il/elle souhaite / ils/elles souhaitent

CONVERSATION

À la gare

M.Lee	Bonjour !
	Je souhaite réserver deux places dans le TGV pour Lyon.
Vendeurse	Quand voulez-vous partir ?
M.Lee	Je partirai le 16 Janvier.
Vendeurse	Alors, vous avez un TGV toutes les trente minutes.
M.Lee	Je préfère partir vers 8 heures et demie.
Vendeurse	D'accord. Fumeurs ou non-fumeurs ?
M.Lee	Non-fumeurs, s'il vous plaît.
Vendeurse	Première ou seconde classe ?
M.Lee	Seconde classe, s'il vous plaît.
Vendeurse	Alors, ça fait 200 euros.
M.Lee	Merci beaucoup.

기차역에서

이씨　　[봉쥬흐!]
　　　　안녕하세요!
　　　　[쥬 수에뜨 헤제흐베 두 쁠라스 덩 르 떼제베 뿌흐 리용.]
　　　　저는 리옹으로 가는 TGV 두 자리를 예약하기를 원합니다.

판매원　[껑 불레-부 빠흐띠흐?]
　　　　언제 출발하기를 원하시는데요?

이씨　　[쥬 빠흐띠헤 르 쎄즈 졍비에.]
　　　　저는 1월 16일 출발할 것입니다.

판매원　[알로흐, 부 자베 엉 떼제베 뚜뜨 레 트헝뜨 미뉘뜨.]
　　　　그럼 매시간 30분마다 TGV가 있어요.

이씨　　[쥬 프헤페흐 빠흐띠흐 베흐 윗 떼흐 에 드미.]
　　　　저는 8시 30분쯤 출발하는 것을 선호해요.

판매원　[다꼬흐. 퓌메흐 우 농-퓌메흐?]
　　　　알겠습니다. 흡연석을 원하세요 아니면 금연석을 원하세요?

이씨　　[농-퓌메흐, 씰 부 쁠레.]
　　　　금연석을 주세요.

판매원　[프흐미에흐 우 스공드 끌라스?]
　　　　1등석을 원하세요 아니면 2등석을 원하세요?

이씨　　[스공드 끌라스, 씰 부 쁠레.]
　　　　2등석을 주세요.

판매원　[알로흐, 싸 페 두 썽 으호.]
　　　　그러면 전체 200유로예요.

이씨　　[메흐씨 보꾸.]
　　　　정말 고맙습니다.

어휘 & 표현 플러스

■ 어휘

aller-simple ⓜ 편도	heure de départ ⓕ 출발 시간	bureau d'information ⓜ 안내소
alller-retour ⓜ 왕복	heure d'arrivée ⓕ 도착 시간	wagon-restaurant ⓜ 식당차
guichet ⓜ 창구, 매표구	quai ⓜ 승강장	

■ 표현

Je voudrais réserver une place dans le train.　　　기차 한 좌석을 예약하고 싶습니다.
Puis-je payer par carte ?　　　카드로 계산해도 될까요?
Quand part le prochain train ?　　　다음 기차는 언제 출발합니까?

GRAMMAIRE

A 단순 미래

단순 미래는 미래에 일어날 일을 표현 하는 데 사용한다. 일부 동사를 제외하고 동사의 원형을 어간으로 하여 뒤에 미래형 어미를 붙여 단순 미래 시제를 나타낸다.

je	−ai	nous	−ons
tu	−as	vous	−ez
il/elle	−a	ils/elles	−ont

단, 동사 원형의 어미가 -re로 끝나는 경우 e를 탈락시킨다.

	aimer	parler	finir	prendre	dire
je(j')	aimerai	parlerai	finirai	prendrai	dirai
tu	aimeras	parleras	finiras	prendras	diras
il / elle	aimera	parlera	finira	prendra	dira
nous	aimerons	parlerons	finirons	prendrons	dirons
vous	aimerez	parlerez	finirez	prendrez	direz
ils / elles	aimeront	parleront	finiront	prendront	diront

미래형 어간이 완전히 달라지는 불규칙 변화형은 따로 암기해야 한다.

être	je serai	faire	je ferai	aller	j'irai
avoir	j'aurai	voir	je verrai	venir	je viendrai
pouvoir	je pourrai	vouloir	je voudrai	devoir	je devrai

● 용법

① 미래에 할 일 또는 이루어질 일을 나타낼 때 쓴다.

　　Il arrivera à 7 heures. 그는 7시에 도착할 것이다.

　　J'irai à l'école demain. 나는 내일 학교에 갈 것이다.

② 명령형 대신 어조를 부드럽게 할 때 사용한다.

　　Vous fermerez la porte. 문을 닫으세요.

　　Vous m'apporterez un café. 저에게 커피를 갖다주세요.

* apporter 가져오다

③ 현재에 대한 추측으로 쓰인다.

Maintenant, il sera à Paris. 지금 그는 파리에 있을 것이다.   * maintenant 지금, 현재

Le téléphone sonne, ce sera ma sœur. 전화가 울린다, 내 여동생일 것이다.

B tout의 용법

● 품질 형용사인 경우

① '모든, 온, 전'의 뜻을 나타내면서 관사, 소유, 지시형용사를 동반한다.

형태	예문
tout	tout un pays 나라 전체
toute	toute la ville 온 도시
tous	tous les enfants 모든 아이들
tous	tous les cahiers 모든 공책들
toutes	toutes les nuits 매일 밤, 밤마다

② ⟨tous/toutes+les+복수 명사⟩의 형태로 쓰면 '~마다'의 뜻이 된다.

   tous les jours 매일

   toutes les semaines 매주

● 부정대명사인 경우

'모든 것, 모두'의 뜻이 있다. tout/toutes/tous 형태로만 쓴다.

형태	예문
tout	Tout est prêt. 모든 것이 준비됐다.
toutes	Elles sont toutes là. 그녀들 모두 저기에 있다.
tous	Tous parlent français. 그들은 모두 프랑스어로 말한다.

EXERCICES

1. 다음 동사를 단순미래로 바꿔 문장을 완성해 보세요.

   (1) Elle _____ l'avion pour Paris. [prendre]

   (2) Il _____ un bon gâteau. [avoir]

   (3) Tu _____ à l'école. [aller]

   (4) Nous _____ à la maison à 5 heures. [revenir]

2. 빈칸에 알맞은 말을 써보세요.

   (1) _____ _____ _____, je reste dans ma chambre.
   하루 종일 나는 내 방 안에 있다.

   (2) _____ _____ _____, elle va au parc.
   일요일마다 그녀는 공원에 간다.

   (3) _____ va bien. 모든 것이 잘되고 있다.

   (4) _____ _____ _____ chantent bien.
   모든 소녀들이 노래한다.

3. 다음 문장을 프랑스어로 써보세요.

   (1) 나는 자정 전에 출발할 것이다.
   ▶ _____

   (2) 매일 나는 프랑스어를 공부한다.
   ▶ _____

   (3) 저는 기차 2좌석을 예약하고 싶습니다.
   ▶ _____

   (4) 그들 모두 5시에 도착한다.
   ▶ _____

4. 녹음을 듣고 빈칸에 알맞은 말을 써보세요. 　　　　　　　　　　　 MP3 11-4

   (1) Je souhaite _____ deux places dans le TGV pour Lyon.

   (2) Je _____ le 16 Janvier.

   (3) Vous avez un TGV _____ les trente minutes.

   (4) Alors, _____ _____ 200 euros.

5. 다음 질문에 알맞은 대답을 해보세요.

   (1) Q Quand part le prochain train ?
       A _____ 기차는 곧 7시쯤에 출발할 거예요.

   (2) Q Où est le guichet des billets ?
       A _____ 곧장 가세요.

   (3) Q À quelle heure voulez-vous partir ?
       A _____ 저는 9시쯤에 출발하는 것을 선호해요.

   (4) Q Y a-t-il a un wagon-restaurant ?
       A _____ 네, 다음 칸에 있어요.

   (5) Q Un aller-simple ou un aller-retour ?
       A _____ 파리행을 위한 왕복으로 주세요.

생생 프랑스 정보

• 프랑스의 독특한 교통수단 이용하기 •

파리에 가면 RER[에흐으에흐]라는 전철과 비슷한 교통수단을 이용해 볼 수 있다. A·B·C·D·E 5개의 노선으로 되어 있고, 파리와 일드프랑스 Île de France 사이를 지하철처럼 운행하고 있다.

또 다른 교통수단으로 트램 TRAM이 있는데, 이것은 지상에 설치된 궤도를 따라 다니는 전차이다. 전찻길이 따로 있어서 길이 막히지 않는 장점 때문에 아직까지 프랑스 사람들이 많이 선호하는 대중교통수단이다.

많은 사람이 이용하고 따로 검표하는 검표원도 없을 것 같아 무임 승차하는 사람이 많은데 검표원이 평상복을 입고 불시에 표 검사를 하기 때문에 무임 승차는 절대 금물이다.

RER

TRAM

한국 속 프랑스어

■ 몽셸통통 Mon cher tonton

슈퍼마켓이나 마트에 가면 동그란 빵에 전체적으로 초콜릿이 코팅되어 있는 '몽셸통통'을 사 먹어 봤을 것이다. 이 몽셸통통도 바로 프랑스어이다. mon[몽]은 '나의', cher[쉐흐]는 '사랑하는' 그리고 tonton[똥똥]은 어린아이 말로 '삼촌, 아저씨'라는 뜻이다. 이 세 단어를 합치면 '나의 사랑하는 삼촌'이 된다.

Leçon 12

Au restaurant

레스토랑에서

학습 포인트
일상생활에서 소소한 즐거움 중 하나로 먹는 즐거움도 큰 부분을 차지합니다. 식사 표현을 익히면서 좋고 싫음을 나타내는 선호도 표현을 함께 배우겠습니다.

주요 문법
- 반과거
- 선호도 표현 동사
- 지시형용사

AUDITION

이 과에서 배울 주요 표현을 미리 들어 보세요.

MP3 12-1

식사 주문하기

A　La carte, s'il vous plaît.　　　　　　　　　메뉴판 주세요.

B　Voilà.　　　　　　　　　여기 있습니다.

C　Quel est le plat du jour ?　　　　　　　　　오늘의 요리가 뭔가요?

B　Nous avons du bœuf.　　　　　　　　　소고기가 있습니다.

B　Comment voulez-vous votre viande ?　　　　　　　　　고기를 어떻게 해 드릴까요?

C　À point, s'il vous plaît.　　　　　　　　　적당히 익혀 주세요.

B　Votre viande était bonne ?　　　　　　　　　고기는 맛있으셨나요?

C　Oui, c'était vraiment délicieux.　　　　　　　　　네, 정말 맛있었어요.

새로운 단어 & 표현 VOCA

단어	품사/성	뜻	비고
à point [아 뽀엥]		적당히 익히기	– 고기 익힘 정도의 순서 　bleu (설익힌 것) → saignant (살짝 익혀 피가 흐르는 정도) → à point (적당히 익힌 것) → bien cuit (잘 익힌 것)
bœuf [뵈프]	n ⓜ	소고기	– 육류 　porc ⓜ 돼지고기　　poulet ⓜ 닭고기 　canard ⓜ 오리고기　　veau ⓜ 송아지고기
carte [까흐뜨]	n ⓕ	차림표, 메뉴	menu ⓜ 메뉴, 정식 세트 à la carte 선택식
comme [꼼므]		~로는	Qu'est-ce que vous avez comme plat du jour ? 오늘의 특별 요리로는 무엇이 있습니까?
délicieux [델리씨유]	adj	맛있는	여성형: délicieuse
déssert [데쎄흐]	n ⓜ	디저트	– 프랑스의 일반적인 식사 코스 　entrée (전식) → plat principal (본요리) → salade (샐러드) → fromage (치즈) → déssert (디저트)
Non merci ! [농 메흐씨]		고맙지만 사양하겠습니다!	
plat du jour [쁠라 뒤 쥬흐]	n ⓜ	오늘의 요리	
prendre [프헝드흐]		먹다, 마시다	prendre du café 커피를 마시다
tendre [떵드흐]	adj	부드러운, 연한	
viande [비엉드]	n ⓕ	고기	poisson ⓜ 생선 légume ⓜ 채소 fruit ⓜ 과일
vraiment [브헤멍]	adv	정말로	Vraiment ? 정말이요?

CONVERSATION

Au restaurant

M. Lee	La carte, s'il vous plaît. Quel est le plat du jour ?
Serveuse	Comme plat du jour, nous avons du bœuf.
	Cette viande est très tendre.
M. Lee	Je vais prendre ça.
Serveuse	Comment voulez-vous votre viande ?
M. Lee	À point, s'il vous plaît.
	< plus tard >
Serveuse	Votre viande était bonne ?
M. Lee	Oui, c'était vraiment délicieux.
Serveuse	Voulez-vous un dessert ?
M. Lee	Non merci.
	Je préfère prendre du café.

레스토랑에서

이씨 [라 꺄흐뜨, 씰 부 쁠레. 껠 레 르 쁠라 뒤 쥬흐?]
메뉴판 주세요. 오늘의 요리가 뭔가요?

여종업원 [꼼 쁠라 뒤 쥬흐, 누 자봉 뒤 뵈프.]
오늘의 요리로 소고기가 있습니다.

[쎄뜨 비엉드 에 트레 떵드흐.]
이 고기는 아주 연해요.

이씨 [쥬 베 프헝드흐 싸.]
그것으로 주세요.

여종업원 [꼬멍 불레-부 보트흐 비엉드?]
고기를 어떻게 해 드릴까요?

이씨 [아 뽀엥, 씰 부 쁠레.]
적당히 익혀 주세요.

〈잠시 후〉

여종업원 [보트흐 비엉드 에떼 본느?]
고기 맛있으셨어요?

이씨 [위, 쎄떼 브헤멍 델리씨유.]
네, 정말 맛있었어요.

여종업원 [불레-부 엉 데쎄흐?]
디저트는요?

이씨 [농 메흐씨.]
고맙지만 사양할게요.

[쥬 프헤페흐 프헝드흐 뒤 까페.]
저는 커피를 더 좋아해요.

어휘 & 표현 플러스

어휘

crudité ⓕ 생채소 요리	rôti ⓜ 로스구이	entrecôte ⓕ 갈비 사이의 고기
saumon fumé ⓜ 훈제 연어	foie gras ⓜ 거위 간	steak ⓜ 비프스테이크
omelette ⓕ 오믈렛		

표현

Pouvez-vous me réserver une place pour ce soir ?
오늘 저녁 테이블 하나를 예약해 주시겠습니까?

Quelle est la spécialité de la maison ?
이 집의 특별 메뉴는 무엇입니까?

Je voudrais une table à la terrasse.
테라스에 있는 자리를 원합니다.

Pouvez-vous me servir tout de suite ?
바로 갖다주시겠어요?

GRAMMAIRE

A 반과거

반과거는 과거에 완료되지 않은 지속되는 상황, 과거의 반복된 행위나 습관을 표현할 때 사용한다. 과거의 시점은 복합과거와 동일하며 조동사 없이 각 인칭에 따라 어미를 변화시켜서 반과거를 만든다.

(1) 반과거 어간

동사의 현재형 1인칭 복수에서 –ons를 뺀 부분이다. 단 être 동사는 예외여서 ét-로 쓴다.

동사	1인칭 복수	반과거 어간
aimer	nous aimons	aim–
finir	nous finissons	finiss–
avoir	nous avons	av–
être	nous sommes	ét–

(2) 반과거 어미

인칭	어미	aimer	finir	avoir	être
je (j')	–ais	aimais	finissais	avais	étais
tu	–ais	aimais	finissais	avais	étais
il(elle)	–ait	aimait	finissait	avait	était
nous	–ions	aimions	finissions	avions	étions
vous	–iez	aimiez	finissiez	aviez	étiez
ils(elles)	–aient	aimaient	finissaient	avaient	étaient

● 용법

① 과거의 지속된 동작이나 상태를 나타낼 때 쓴다.

   Il parlait avec son professeur. 그는 선생님과 이야기를 하고 있었다.

② 과거의 습관을 나타낸다.

   Nous visitions le musée le lundi. 우리는 월요일마다 박물관을 방문하곤 했다.

③ 배경 설정, 감정 상태를 표현할 때 쓴다.

   C'était une nuit tranquille à Paris. 파리에서의 고요한 밤이었다.

B 선호도 표현 동사

동사	예문
aimer 좋아하다, 사랑하다	J'aime le café. 나는 커피를 좋아한다. Il aime parler avec mes amis. 그는 내 친구들과 말하는 것을 좋아한다.
adorer 매우 좋아하다, 열렬히 사랑하다	J'adore la voiture. 나는 자동차를 무척이나 좋아한다. Elle adore voyager. 그녀는 여행을 무척이나 좋아한다.
préférer 더 좋아하다, 선호하다	Je préfère cette robe. 나는 이 원피스를 더 좋아한다. Nous préférons écouter la musique. 우리는 음악 듣는 것을 더 좋아한다.
détester 미워하다, 몹시 싫어하다	Il déteste son frère. 그는 자기 남동생을 미워한다. Je déteste rester à la maison. 나는 집에 있는 것을 싫어한다.

C 지시형용사

지시형용사는 화제에 오른 사람이나 사물을 '이·그·저'로 지시하는 형용사이다.

남성 단수	여성 단수	남성·여성 복수
ce/cet	cette	ces

● 용법

① '이·그·저'의 뜻으로 명사 앞에서 관사 대신 쓴다.

    ce stylo 이 볼펜   cette maison 이 집

② 모음 a/e/i/y/o/u 앞이나 무음 h로 시작하는 남성 단수 명사 앞에서 ce는 cet로 바뀐다.

    cet homme 이 남자   cet arbre 이 나무

③ 시간 명사와 함께 사용하면 현재성으로 '오늘'이라는 뜻이 된다.

    ce matin 오늘 아침   cet après-midi 오늘 오후   ce soir 오늘 저녁

EXERCICES

1. 다음 동사를 반과거형으로 바꿔 문장을 완성해 보세요.

   (1) J'_____ en retard. [être]   * être en reatd 시간에 늦다

   (2) Nous _____ à la poste. [aller]

   (3) Il y _____ beaucoup de personnes. [avoir]

   (4) Vous _____ votre repas. [finir]   * repas ⓜ 식사

2. 빈칸에 알맞은 지시형용사를 써보세요.

   (1) _____ homme est petit.

   (2) _____ matin, je fais du sport.   * faire du sport 운동하다

   (3) _____ fleurs sont belles.

   (4) J'ai rendez-vous _____ soir.   * avoir rendez-vous 약속이 있다

3. 다음 문장을 프랑스어 문장으로 쓰세요.

   (1) 그녀는 이 남자를 좋아했었다.
   ▶ _____

   (2) 우리는 이 커피를 선호한다.
   ▶ _____

   (3) 오늘의 요리는 무엇인가요?
   ▶ _____

   (4) 나는 일요일마다 교회에 가곤 했다.
   ▶ _____

4. 녹음을 듣고 빈칸에 알맞은 말을 써보세요.　　　　　　　　　　　MP3 12-4

　　(1) Quel est le _____ _____ _____ ?

　　(2) _____ _____ s'il vous plaît.

　　(3) Votre viande _____ bonne ?

　　(4) C'était vraiment _____ .

5. 다음 질문에 알맞은 대답을 해보세요.

　　(1) Q Comment voulez-vous votre viande ?
　　　　A _____　잘 익혀 주세요.

　　(2) Q Qu'est-ce que tu fais ce soir ?
　　　　A _____　나는 레스토랑에 갈 거야.

　　(3) Q Est-ce qu'il y a un bon restaurant près d'ici ?
　　　　A _____　미안해요, 모르겠어요.

　　(4) Q C'était comment, votre viande ?
　　　　A _____　맛있어요.

　　(5) Q Qu'est-ce que vous voulez comme boisson ?　　* boisson ⓕ 음료
　　　　A _____　콜라로 주세요.

생생 프랑스 정보

• 프랑스 요리 맛보기 •

크레이프 Crêpe [크헤쁘]
프랑스인들이 즐겨먹는 국민 간식으로 프랑스 북서부 부르타뉴 지방에서 유래되었다. 밀가루에 우유, 버터, 설탕을 섞은 반죽을 바닥이 비칠 정도로 얇게 펼쳐 익힌 다음, 다양한 토핑을 선택하여 부채꼴로 말아서 먹는다. 초콜릿, 설탕, 잼을 넣어 먹는 디저트용 쉬크레(단맛)와 고기, 햄, 야채 등을 싸서 먹는 식사용 쌀레(짠맛)가 있다.

부야베스 Bouillabaisse [부이야베스]
프랑스 남부 마르세유 지방의 대표적인 요리로 토마토, 올리브, 마늘 등의 재료에 갖가지 해산물과 생선을 넣어 바다의 풍미를 살린 해산물 요리이다. 노란색의 샤프란이라는 향신료로 향을 낸 부야베스에는 생선 국물을 베이스로 한 소스와 마늘빵이 곁들여 나온다.

마카롱 Macaron [마카홍]
달걀 흰자, 설탕, 아몬드 가루를 배합해서 만든 머랭 쿠키의 한 종류이다. 본래 이탈리아에서 유래된 마카롱은 20세기 이후 프랑스의 유명 제과점인 라 뒤레 La Durée에서 2개의 쿠키 사이에 크림을 샌드한 형태를 개발하여 판매하기 시작하면서 오늘날까지 이어지고 있다.

한국 속 프랑스어

■ **미쟝센 Mise en scène**

텔레비전을 보고 있으면 중간에 많은 광고를 하는데 그 중에 '미쟝센 샴푸'도 나온다. '연출'이라는 뜻을 가지고 있는 Mise en scène [미 정 쎈느]는 영화 분야에서 많이 사용되는 단어이다. 프랑스어에서 sc는 a/o/u 앞에서는 [sk]로, e/i 앞에서는 [s]로 발음된다. 그래서 [미정센느]가 된다.

Leçon 13

À l'hôtel

호텔에서

학습 포인트
여행지 호텔 예약을 하려면 가격과 시설 등을 꼼꼼히 따져보고 결정을 해야겠죠? 호텔 투숙 상황에 사용하는 표현을 배우겠습니다.

주요 문법
- 조건법 현재
- 가격 표현
- Il y a 구문

AUDITION

이 과에서 배울 주요 표현을 미리 들어 보세요.

MP3 13-1

호텔에서 숙박하기

A Vous avez une chambre pour ce soir ?   오늘 저녁 방 있나요?

B Bien sûr !   물론이죠!

A Je voudrais une chambre pour deux personnes avec salle de bain.
저는 두 사람이 묵을 욕조 있는 방을 원해요.

B Pas de problème.   문제없어요.

A C'est combien ?   얼마예요?

B Ça fait 100 euros par jour.   하루에 100유로입니다.

A Le petit-déjeuner est compris ?   아침 식사는 포함되나요?

B Oui.   네.

새로운 단어 & 표현 VOCA

단어	품사/성	뜻	비고
ce soir [스 쑤와]		오늘 저녁	cette semaine 이번 주 ce mois 이번 달 cette année 올해
chambre [셩브흐]	*n* ⓕ	방	
D'accord ! [다꼬흐]		동감이에요!/좋아요!	Pas d'accord ! 찬성하지 않습니다!
jusqu'à [쥐스까]		~까지	
manger [멍줴]		먹다	− 1군 변칙 동사 je mange / nousmangeons tu manges / vousmangez il/elle mange / ils/elles mangent
ouvert [우베흐]	*adj*	열린, 열려 있는	여성형: ouverte
Pas de problème. [빠 드 프호블렘]		문제없어요.	
personne [뻬흐쏜느]	*n* ⓕ	사람	
petit-déjeuner [쁘띠-데쥬네]	*n* ⓜ	아침 식사	prendre le petit-déjeuner 아침 식사를 하다 prendre le déjeuner 점심 식사를 하다 prendre le dîner 저녁 식사를 하다
piscine [삐씬느]	*n* ⓕ	수영장	
restaurant [헤스또헝]	*n* ⓜ	레스토랑	café-bar ⓜ 식당 겸 카페 bistro ⓜ (수수한) 레스토랑 cafétéria ⓕ 카페테리아
salle de bain [쌀 드 벵]	*n* ⓕ	욕실	− salle이 들어간 단어 　salle à manger 식당 　salle de bal 무도회장

CONVERSATION

À l'hôtel

M. Lee	Bonjour ! Vous avez une chambre pour ce soir ?
Réceptionniste	Bien sûr !
M. Lee	Très bien. Je voudrais une chambre pour deux personnes avec salle de bain.
Réceptionniste	Pas de problème.
M. Lee	Est-ce qu'il y a une piscine ?
Réceptionniste	Non, il n'y a pas de piscine ici.
M. Lee	D'accord. C'est combien ?
Réceptionniste	Ça fait 100 euros par jour.
M. Lee	Le petit-déjeuner est compris ?
Réceptionniste	Oui. Notre restaurant est ouvert jusqu'à 10 heures et demie.
M. Lee	D'accord. Merci !

호텔에서

이씨	[봉쥬흐! 부 자베 윈 셩브흐 뿌흐 스 쑤와?]	
	안녕하세요! 오늘 저녁 방 있나요?	
안내원	[비앙 쉬흐!]	
	물론이죠!	
이씨	[트레 비앙. 쥬 부드헤 윈 셩브흐 뿌흐 두 빼흐쏜느 아베끄 쌀 드 벵.]	
	잘됐네요. 저는 두 사람이 묵을 욕조가 있는 방 하나를 원해요.	
안내원	[빠 드 프호블렘.]	
	문제없어요.	
이씨	[에-스 낄 리 아 윈 삐씬느?]	
	수영장 있나요?	
안내원	[농, 일 니 아 빠 드 삐씬느 이씨.]	
	아니요. 여기에는 수영장이 없어요.	
이씨	[다꼬흐. 쎄 꼼비앙?]	
	알겠습니다. 얼마예요?	
안내원	[싸 페 썽 으호 빠흐 쥬흐.]	
	하루에 100유로입니다.	
이씨	[르 쁘띠-데쥬네 에 꽁프히?]	
	아침 식사는 포함되나요?	
안내원	[위. 노트흐 헤스또헝 에 뚜베흐 쥐스까 디죄흐 에 드미.]	
	네. 우리 식당은 10시 30분까지 열어요.	
이씨	[다꼬흐. 메흐씨!]	
	알겠습니다. 고맙습니다!	

해석

어휘&표현 플러스

■ 어휘

parking privé ⓜ 차고, 전용 주차장	lavabo ⓜ 세면대	douche ⓕ 샤워
réception ⓕ 카운터	drap ⓜ 시트	serviette(de toilette) ⓕ 수건
garage ⓜ 차고	toilettes ⓕ (pl) 화장실	

■ 표현

C'est pour combien de nuits ?   며칠 묵을 거예요?
À quelle heure est servi le petit-déjeuner ?   아침 식사는 몇 시에 제공됩니까?
Le service est-il compris ?   서비스료가 포함되어 있습니까?
L'hôtel est complet.   호텔이 만원이다.

GRAMMAIRE

A 조건법 현재

조건법 현재는 현재 사실에 반대되는 가정적 사실을 표현할 때 쓴다.

단순 미래의 어간 + 반과거 어미

인칭	반과거 어미	aimer	finir	prendre
je(j')	-ais	aimerais	finirais	prendrais
tu	-ais	aimerais	finirais	prendrais
il / elle	-ait	aimerait	finirait	prendrait
nous	-ions	aimerions	finirions	prendrions
vous	-iez	aimeriez	finiriez	prendriez
ils / elles	-aient	aimeraient	finiraient	prendraient

● 용법

① 현재 사실에 가정적 조건을 나타낸다. 가정문의 주절에 조건법 현재를 쓴다.

Si + 주어 + 반과거~, 주어 + 조건법 현재

Si j'avais beaucoup d'argent, j'achèterais cette maison.
내가 돈이 많다면, 나는 그 집을 샀을 텐데.

Si j'avais le temps, j'irais te voir. 내가 시간이 있다면, (나는) 너를 보러 갈 텐데.

② 실현 가능성이 있는 조건 속에서 미래를 추측할 경우에는 조건법 현재를 쓰지 않고 단순 미래를 쓴다.

Si + 주어 + 현재~, 주어 + 단순 미래

Si je suis libre, j'irai au cinéma avec toi. 내가 시간이 있으면 너와 함께 영화관에 갈 것이다.

Si tu as de l'argent, tu m'achèteras un livre. 네가 돈이 있으면 나에게 책을 사 줄 것이다.

③ 조건법 현재를 써서 말투를 부드럽게 한다. 특히 상점이나 상대에게 공손하게 표현할 때 활용할 수 있다.

Je voudrais acheter ce pantalon. 나는 이 바지를 사고 싶은데요.

Tu me donnerais un cadeau ? 너는 나에게 선물을 주겠니?

B 가격 표현

가격이 얼마입니까?	~입니다
Combien ça coûte ?	Ça coûte 50€. 50유로입니다.
Ça coûte combien ?	Ça fait 30€. 30유로입니다.
Ça fait combien ?	Vous me devez 40€. 40유로입니다.
C'est combien ?	

C Il y a 구문

① Il y a + 명사 : ~ 이 있다

il y a 다음에는 단수 명사나 복수 명사가 올 수 있다. 이때 관사는 부정관사나 부분관사가 사용된다.

Il y a un livre sur la table. 테이블 위에 책이 있다.
Il y a du pain. 빵이 있다.

② il y a 구문의 부정 : ~ 이 없다

부정문에서 부정관사 un/une/des와 부분관사 du/de la/des는 de로 바뀌는데 이것을 부정의 de라고 한다.

Il n'y a pas de livre sur la table. 책상 위에 책이 없다.
Il n'y a pas de pain. 빵이 없다.

EXERCICES

1. 다음 동사를 조건법 현재형으로 바꿔 문장을 완성해 보세요.

   (1) Nous _____ à Lyon plus tard. [arriver]   * plus tard 나중에

   (2) Tu _____ une très bonne note. [avoir]   * avoir une bonne note 좋은 점수를 받다

   (3) _____-vous répéter ? [pouvoir]   * répéter 반복하다

   (4) Nous _____ acheter une maison. [vouloir]

2. 다음 2개의 동사를 반과거, 조건법 현재로 바꿔 문장을 완성해 보세요.

   (1) Si vous me _____ votre numéro, je vous _____ plus tard. [donner/appeler]

   (2) S'ils _____ du temps, ils _____ chez toi. [avoir/passer]
   * avoir du temps 시간이 나다

   (3) Si j' _____ libre, j' _____ au cinéma avec toi. [être/aller]
   * libre 자유로운

   (4) Si nous _____ en France, nous _____ le musée du Louvre. [être/visiter]
   * visiter 방문하다

3. 다음 문장을 프랑스어로 써보세요.

   (1) 저는 오늘 저녁 방 하나를 원합니다.
   ▶ _____

   (2) 제가 얼마를 내야 해요?
   ▶ _____

   (3) 저는 브루노(Bruno)와 통화하기를 원합니다.
   ▶ _____

   (4) 방안에 TV가 있습니까?
   ▶ _____

4. 녹음을 듣고 빈칸에 알맞은 말을 써보세요.　　　　　　　　　　　MP3 **13-4**

　　(1) Je _____ une chambre pour deux personnes avec salle de bain.

　　(2) Le petit-déjeuner est _____ ?

　　(3) Notre restaurant est _____ jusqu'à 10 heures.

　　(4) _____ .

5. 다음 질문에 알맞은 대답을 해보세요.

　　(1) Q Vous avez une chambre pour ce soir ?
　　　　A _____　　미안합니다, 호텔이 만원이에요.

　　(2) Q Est-ce qu'il y a un garage dans cet hôtel ?
　　　　A _____　　아니요, 여기에는 차고가 없어요.

　　(3) Q Quand puis-je prendre le petit-déjeuner ?
　　　　A _____　　7시부터 10시까지입니다.

　　(4) Q C'est combien pour une nuit ?
　　　　A _____　　하루에 150유로입니다.

　　(5) Q Je voudrais une chambre pour trois personnes avec salle de bain ?
　　　　A _____　　문제없어요.

생생 프랑스 정보

• 프랑스 호텔 정보 알아보기 •

프랑스 호텔은 별 1개부터 별 5개까지 5등급으로 나누어져 있다. 별 1개나 2개짜리 호텔을 이용할 때는 몇 가지 주의해야 할 것이 있는데, 그 중에서 꼭 기억해야 할 것은 리셉션을 하루 종일 열지 않는다는 것이다. 일정 시간이 되면 문을 잠그고 직원도 퇴근하기 때문이다. 만약 늦게 도착하게 된다면, 미리 도착 시간을 말해서 출입문 번호와 방 번호를 받아야 한다. 그리고 프랑스의 호텔 방들은 욕조가 있는 방과 샤워기만 있는 방으로 구분되어 있다. 이 중 어떤 방을 선택하든 샤워를 할 때는 커튼을 욕조 안쪽으로 넣고 해야 바닥에 물이 새어 나가지 않는다.

한국 속 프랑스어

■ 앙팡 Enfant

치즈를 사러 가면 종류가 참 많다. 그중에서 어린이를 위한 치즈로 차별화해서 나온 것 중에 '앙팡 치즈'라는 것이 있다. 이때 Enfant [엉펑]은 프랑스어로 '어린이'란 뜻으로, 정확한 발음은 [엉펑]이다. [앙] 소리에 [엉]이 섞이게 하면서 콧소리를 내면 된다. 프랑스어에서 모음 a / e / i / u 뒤에 n 또는 m이 오면 그 모음이 콧소리가 된다. 그러나 n / m 다음에 모음이 오거나 n / m이 중복되는 경우에는 콧소리가 나지 않는다.

animal [아니말]   innocent [이노썽]

Leçon 14

Au magasin
가게에서

학습 포인트
이것저것 구경을 하면서 쇼핑을 했는데, 종종 다시 바꿔야 할 상황도 생깁니다. 이때 복합과거를 사용하여 지나간 일을 설명하는 표현을 배우겠습니다.

주요 문법
- 복합과거
- 찬성·반대 표현

AUDITION
이 과에서 배울 주요 표현을 미리 들어 보세요.

MP3 14-1

옷가게에서

A   Est-ce que je peux l'échanger ? 이것을 바꾸어 주실 수 있나요?
B   Il n'y a pas de problème. 문제없어요.

A   Avez-vous le ticket de caisse ? 영수증 가지고 계세요?
B   Tenez. 여기 있어요.

A   Vous faites quelle taille ? 사이즈가 어떻게 되세요?
B   Je ne sais pas exactement. 정확히 모르겠어요.

A   Je vais vérifier. 확인해 볼게요.
B   Merci, c'est gentil. 고맙습니다, 친절하시네요.

새로운 단어 & 표현 VOCA

MP3 14-2

단어	품사/성	뜻	비고
C'est gentil. [쎄 졍띠]		감사합니다. /친절하시네요.	
demander [드멍데]		요구하다	– 동사 변화 je demande / nous demandons tu demandes / vous demandez il/elle demande / ils/elles demandent
échanger [에셩제]		교환하다	– 1군 변칙동사 j'échange / nous échang**e**ons tu échanges / vous échangez il/elle échange / ils/elles échangent
exactement [에그작뜨멍]	adv	정확하게	
il y a + 시간 [일 리 아]		~전에	– dans + 시간: ~ 후에 – depuis + 시간: ~ 전부터
jupe [쥐쁘]	n ⓕ	치마	– 옷의 종류 pantalon ⓜ 바지　robe ⓕ 원피스 manteau ⓜ 외투　gilet ⓜ 조끼
quelque chose [껠끄 쇼즈]		무엇인가, 어떤 것	– quelque chose 다음에 형용사를 쓸 때는 de를 함께 써야 한다. quelque chose de beau 무엇인가 아름다운 것
taille [따이으]	n ⓕ	옷 사이즈	– faire + 숫자: 사이즈가 ~입니다 Ju fais du 38. 저는 38 사이즈를 입어요.
Tenez. [뜨네]		자, 여기 있습니다.	– 동사 변화 je tiens / nous tenons tu tiens / vous tenez il/elle tient / ils/elles tiennent
ticket de caisse [띠께 드 께쓰]	n ⓜ	영수증	= reçu ⓜ, quittance ⓕ quittance de loyer 집세 영수증
vérifier [베히피에]		확인하다	– 동사 변화 je vérifie / nous vérifions tu vérifies / vous vérifiez il/elle vérifie / ils/elles vérifient

CONVERSATION

Au magasin

Sophie	Bonjour, je voudrais vous demander quelque chose.
	J'ai acheté cette jupe il y a 2 jours, mais elle est trop grande.
	Est-ce que je peux l'échanger ?
Louis	Bien sûr, il n'y a pas de problème.
	Mais avez-vous le ticket de caisse ?
Sophie	Oui, bien sûr. Tenez.
Louis	Vous faites quelle taille ?
Sophie	Je ne sais pas exactement.
	Mais je voudrais quelque chose de plus petit.
Louis	Je vais vérifier.
Sophie	Merci, c'est gentil.

가게에서

소피 [봉쥬흐, 쥬 부드헤 부 드멍데 껠끄 쇼즈.]
안녕하세요, 저는 당신에게 부탁이 있는데요.
[췌 아슈떼 쎄뜨 쥐쁘 일 리 아 두 쥬흐, 메 엘 레 트호 그헝드.]
이틀 전에 이 치마를 샀었는데요, 그런데 너무 커요.
[에-스 끄 쥬 쁘 레썽제?]
바꾸어 줄 수 있으신가요?

판매원 [비앙 쉬흐, 일 니 아 빠 드 프호블램.]
알겠어요. 문제없어요.
[메 아베-부 르 띠께 드 께스?]
그런데 영수증 가지고 계세요?

소피 [위, 비앙 쉬흐. 뜨네.]
예, 물론이죠. 여기 있어요.

판매원 [부 펫뜨 껠 따이으?]
사이즈가 어떻게 되세요?

소피 [쥬 느 쎄 빠 에그작뜨멍. 메 쥬 부드헤 껠끄 쇼즈 드 쁠뤼 쁘띠.]
정확히 모르겠어요. 그런데 좀 더 작은 것을 원해요.

판매원 [쥬 베 베히피에.]
확인해 볼게요.

소피 [메흐씨, 쎄 졍띠.]
고맙습니다, 친절하시네요.

어휘 & 표현 플러스

■ 어휘

cabine d'essayage ⓕ 탈의실	caisse ⓕ 계산대	gilet ⓜ 조끼
chemisier ⓜ 와이셔츠	jean ⓜ 청바지	pantalon ⓜ 바지
chaussures de sport ⓕ (pl) 스포츠화	souliers ⓜ (pl) (단화) 구두	T-shirt ⓜ 티셔츠

■ 표현

À quelle heure ouvre le magasin ?　　　상점은 몇 시에 문을 엽니까?
Acceptez-vous cette carte de crédit ?　　이 신용카드도 됩니까?
Faites-moi une réduction, s'il vous plaît.　좀 깎아 주세요.
Quel est le jour de fermeture ?　　　어떤 요일에 쉬나요?

GRAMMAIRE

Ⓐ 복합과거

복합과거는 과거시제 가운데 가장 빈번이 사용되는 시제로 완전히 지나간 과거의 일시적 행위나 동작, 과거의 완료된 행위를 나타낸다.

① 복합과거의 형태

> avoir/être + 본동사의 과거분사

② 과거분사의 형태

동사의 어미 변화		동사 원형	과거분사
제1군 규칙동사	–er를 없애고 어간 + –é	aimer	aimé
		manger	mangé
제2군 규칙동사	–ir를 없애고 어간 + –i	choisir	choisi
		bâtir	bâti
제3군 불규칙동사	–é/–u/–s/–t	être	été
		avoir	eu
		prendre	pris
		faire	fait

참고 – 불규칙동사들의 과거분사는 동사 변화표를 보고 따로 암기해야 한다.

● 용법

① **avoir** + 과거분사 : 모든 타동사와 대부분의 자동사는 조동사로 **avoir**를 동반한다.

인칭	parler	finir	attendre
je(j')	ai parlé	ai fini	ai attendu
tu	as parlé	as fini	as attendu
il/elle	a parlé	a fini	a attendu
nous	avons parlé	avons fini	avons attendu
vous	avez parlé	avez fini	avez attendu
ils/elles	ont parlé	ont fini	ont attendu

J'ai fini mes devoirs. 나는 내 숙제를 끝냈다.
Elle a attendu quelques minutes. 그녀는 몇 분을 기다렸다.

② être+과거분사 : 주로 장소 이동을 나타내는 동사들을 비롯한 일부 자동사는 조동사로 être를 동반한다. 이때 과거분사는 주어의 성·수에 일치한다.

인칭	aller	arriver	sortir
je(j')	suis allé(e)	suis arrivé(e)	suis sorti(e)
tu	es allé(e)	es arrivé(e)	es sorti(e)
il/elle	est allé(e)	est arrivé(e)	est sorti(e)
nous	sommes allé(e)s	sommes arrivé(e)s	sommes sorti(e)s
vous	êtes allé(e)(s)	êtes arrivé(e)(s)	êtes sorti(e)(s)
ils/elles	sont allé(e)s	sont arrivé(e)s	sont sorti(e)s

Elle est sortie à 9 heures. 그녀는 9시에 외출하였다.
Nous sommes parti(e)s en France. 우리는 프랑스로 떠났다.

참고 — être를 조동사로 취하는 15개의 동사

naître(né) 태어나다	aller(allé) 가다	monter(monté) 올라가다
entrer(entré) 들어가다	sortir(sorti) 나가다	arriver(arrivé) 도착하다
rester(resté) 머무르다	tourner(tourné) 돌다	venir(venu) 오다
passer(passé) 지나가다	partir(parti) 출발하다	déscendre(déscendu) 내려가다
tomber(tombé) 굴러떨어지다	mourir(mort) 죽다	devenir(devenu) ~가 되다

B 찬성·반대 표현

● **찬성·동의 표현**

D'accord. 찬성이다.
Je suis pour. 나는 찬성이야.
Tout à fait d'accord ! 전적으로 찬성이야!
Bien sûr que oui. 물론 그렇다.

● **반대·이견 표현**

Je ne suis pas d'accord. 나는 반대야.
Bien sûr que non. 물론 아니다.
Je suis contre. 나는 반대야.

● **기타 표현**

Bravo ! 좋다!
C'est super ! 최고다!
C'est pas mal ! 썩 괜찮은데!
C'est une bonne idée ! 그것 정말 좋은 생각이야!

EXERCICES

1. 다음 동사를 il/elle 인칭에 따른 복합과거로 바꿔 써보세요.

   (1) sortir → _____

   (2) être → _____

   (3) venir → _____

   (4) avoir → _____

2. 다음에 제시한 동사를 복합과거로 바꿔 문장을 완성해 보세요.

   (1) M. et Mme Dubois _____ _____ des chiens. [avoir]

   (2) Tu _____ _____ chez moi. [venir]   * venir 오다

   (3) Je _____ _____ à l'hôpital. [aller]

   (4) Nous _____ _____ quelques minutes. [attendre]

   (5) Elle _____ _____ cette robe. [choisir]   * choisir 선택하다

   (6) Il _____ _____ en vacances. [partir]   * partir en vacances 휴가를 떠나다

3. 다음 문장을 프랑스어로 써보세요.

   (1) 나는 8시에 외출했었다.
   ▶ _____

   (2) 제가 당신에게 뭔가를 부탁할 것이 있어요.
   ▶ _____

   (3) 제가 이것을 교환할 수 있을까요?
   ▶ _____

   (4) 전적으로 찬성이야!
   ▶ _____

4. 녹음을 듣고 빈칸에 알맞은 말을 써보세요.   MP3 14-4

   (1) Je voudrais vous demander _____ _____.

   (2) Vous faites quelle _____ ?

   (3) Je ne sais pas _____.

   Mais je voudrais quelque chose de _____ _____.

   (4) Est-ce que je peux _____ ?

5. 다음 질문에 알맞은 대답을 해보세요.

   (1) Q Elle est arrivée quand ?
       A _____ 그녀는 9시에 도착했어요.

   (2) Q Qu'est-ce que tu as fait hier soir ?
       A _____ 나는 영화관에 갔었어.

   (3) Q Quelle taille faites-vous ?
       A _____ 제 사이즈는 38이에요.

   (4) Q Avez-vous le ticket de caisse ?
       A _____ 네, 여기 있어요.

   (5) Q Faites-moi voir d'autres couleurs.
       A _____ 확인해 볼게요.

생생 프랑스 정보

• 프랑스의 대표 백화점 가보기 •

갤러리 라파예트 백화점 Galeries Lafayette [갈르히 라파이예뜨]

1895년 파리에 문을 연 가장 큰 규모의 백화점인 갤러리 라파예트는 무료 패션쇼와 아름다운 장식으로 볼거리가 많은 쇼핑 장소이다. 특히 본관 7층에 위치한 살롱 오페라에서는 세계 최고의 디자이너들이 모여 패션쇼를 자주 열기도 한다. 현재 한국인 직원이 상주해 있고, 한국어로 된 카탈로그도 배치되어 있어서 아주 편리하다.

전철: 7, 9호선 Chaussée d'Antin 역

프렝탕 백화점 Printemps [프헹떵]

1865년에 문을 연 프랑스의 대표적인 백화점인 프렝탕 백화점은 최근 대대적인 보수 확장 공사를 하여 새롭게 재단장했다. 화려한 둥근 채색 유리 천장과 건물 정면의 아름다운 시계조각으로 유명한 프렝탕 백화점은 역사 유물로 등록되어 있을 정도로 문화적 가치가 높은 백화점이다. 2층과 3층이 구름다리로 연결되어 있는 것이 특징이며, 8층 무료 전망대에서 파리 시내를 감상할 수 있다.

전철: 3, 9호선 Harve Caumartin 역

봉 마르셰 백화점 Le Bon Marché [르 봉 마쉐]

1852년에 문을 연 프랑스 최초의 백화점인 봉 마르셰 백화점은 구스타프 에펠이 설계한 것으로 건축학적 의미와 함께 파리를 대표하는 상징적인 백화점이다. 2016년 봉 마르셰 백화점과 대한민국 최초의 백화점인 신세계가 VIP 고객 프로그램 파트너십을 맺어 화제가 되기도 했었다.

전철: 12호선 Seves-Babylone 역

한국 속 프랑스어

■ **파리크라상 Paris croissant**

프랑스의 '대표적인 빵' 하면 흔히 떠올리는 것으로 '크루아상'이 있다. 우리나라 제과제빵 프랜차이즈 이름 중에서 이 단어를 쓴 곳이 '파리크라상'이다. Paris croissant [빠히 크후와썽]에서 croissant은 프랑스어 발음 규칙상 c 다음에 r이 와서 [ㄲ]가 [ㅋ]가 된다. 그리고 croissant은 '초승달'이라는 뜻인데, 빵 모양이 초승달 같아서 붙은 이름이다.

Leçon 15

À l'épicerie

식료품 가게에서

학습 포인트

물건을 사러 갔을 때 여러 가지 중에서 골라야 하는 상황이 자주 있죠? 이번에는 물건을 서로 비교하면서 골라 살 때 자주 쓰는 표현을 배우겠습니다.

주요 문법
- 비교급
- 최상급

AUDITION

이 과에서 배울 주요 표현을 미리 들어 보세요.

MP3 15-1

식료품 사기

A Qu'est-ce que vous désirez ? 무엇을 도와드릴까요?
B Je voudrais acheter du fromage. 저는 치즈를 사고 싶어요.

A Je vous recommande aussi ce vin rouge. 저는 당신에게 이 적포도주를 추천해요.
B Je le prends. 그것으로 할게요.

A C'est la meilleur marque. 이것은 최고급 상표예요.
B Bien. 좋아요.

A Je vous dois combien ? 제가 얼마를 내야 하죠?
B Ça fait 25 euros, s'il vous plaît. 전체 25유로예요.

새로운 단어 & 표현 VOCA

단어	품사/성	뜻	비고
cher [셰흐]	*adj*	값비싼	여성형: ch**è**re
d'habitude [다비뛰드]		보통, 평소	comme d'habitude 여는 때처럼
désirer [데지헤]		원하다, 바라다	– 동사 변화 je désire / nous désirons tu désires / vous désirez il/elle désire / ils/elles désirent
excellent [엑쎌렁]	*adj*	훌륭한	여성형: excellent**e**
fromage [프호마쥬]	*n* ⓜ	치즈	
Je vous dois combien ? [쥬 부 두와 꼼비앙]		값이 얼마입니까?	
marque [마흐끄]	*n* ⓕ	상표	
meilleur [메이외흐]		더 나은, 더 좋은 (bon의 우등 비교급)	여성형: meilleur**e**
prendre [프헝드흐]		잡다, 먹다, 타다, 마시다 등	뒤에 나오는 명사에 맞추어 해석을 하면 된다.
recommander [흐꼬멍데]		추천하다	– 동사 변화 je recommande / nous recommandons tu recommandes / vous recommandez il/elle recommande / ils/elles recommandent

rouge [후쥬]	*adj*	빨간색의	– 여성형: 형태가 같다.
			– 색깔, 형태, 온도, 국가명 형용사는 항상 명사 뒤에 온다.
			  la table ronde 둥근 탁자
			  le drapeau blanc 흰색 깃발
			  de l'eau chaude 따뜻한 물

vin [뱅]	*n* ⓜ	포도주	vin rouge 적포도주 vin blanc 백포도주

CONVERSATION

À l'épicerie

Epicière	Bonjour, Monsieur. Qu'est-ce que vous désirez ?
M.Lee	Bonjour, Madame.
	Je voudrais acheter du fromage et du vin, s'il vous plaît.
Epicière	Voici le fromage. C'est la meilleure marque.
	Il est plus cher que les autres fromages, mais il est excellent.
	Je vous recommande aussi ce vin rouge.
	Il est moins cher que d'habitude.
M.Lee	Bien. Je prends tout. Je vous dois combien ?
Epicière	Ça fait 25 euros, s'il vous plaît.
M.Lee	Voilà ! Merci, au revoir !

식료품 가게에서

식료품 주인 [봉쥬흐, 무슈. 께-스 끄 부 데지헤?]
안녕하세요, 무엇을 도와드릴까요?

이씨 [봉쥬흐, 마담. 쥬 부드헤 아슈떼 뒤 프호마쥬 에 뒤 벵, 씰 부 쁠레.]
안녕하세요, 부인. 저는 치즈와 포도주를 사기를 원하는데요.

식료품 주인 [부와씨 르 프호마쥬. 쎄 라 메이외흐 마흐끄.]
여기 치즈가 있어요. 최고급 상표죠.
[일 레 쁠뤼 쉐흐 끄 레 죠트흐 프호마쥬, 메 일 레 떽쎌렁.]
다른 치즈보다 더 비싸요. 그러나 최상품이죠.
[쥬 부 흐꼬멍드 오씨 쓰 벵 후즈.]
또한 (저는 당신에게) 이 적포도주를 추천해요.
[일 레 무웽 쉐흐 끄 다비뛰드.]
평소보다 덜 비싸요.

이씨 [비앙. 쥬 프헝 뚜. 쥬 부 두와 꼼비앙?]
좋아요. 모두 할게요. 제가 얼마를 내야 하죠?

식료품 주인 [싸 페 벵쎙 으호, 씰 부 쁠레.]
전체 25유로입니다.

이씨 [부왈라! 메흐씨, 오 흐브와!]
여기 있습니다. 고맙습니다. 안녕히 계세요!

해석

어휘 & 표현 플러스

■ 어휘

상점 (상점은 모두 여성)	상점 남자 주인	상점 여자 주인
épicerie 식료품점	épicier	épicière
boucherie 정육점	boucher	bouchère
charcuterie 돼지고기 가공업점	charcutier	charcutière
boulangerie 빵집	boulanger	boulangère
pâtisserie 제과점	pâtissier	pâtissière

■ 표현

Je voudrais une tranche de jambon. 햄 하나 주세요.
Combien en voulez-vous ? 얼마나 드릴까요?
J'en voudrais un kilo. 그것 1킬로그램 주세요.
Les fraises sont-elles bonnes ? 딸기 맛이 좋은가요?

GRAMMAIRE

Ⓐ 비교급

● 형용사와 부사의 비교급
비교급은 정도의 높고 낮음에 따라서 우등, 열등, 동등 비교로 나뉜다.

우등 비교	plus + 형용사/부사 + que
열등 비교	moins + 형용사/부사 + que
동등 비교	aussi + 형용사/부사 + que (부정문일 때는 si ~ que 사용)

Elle est plus jolie que moi. 그녀는 나보다 더 예쁘다.
Je suis moins grand que Paul. 나는 폴보다 덜 크다.
Tu n'es pas si grand que Jean. 너는 쟝만큼 크지 않다.
Il est aussi beau que Paul. 그는 폴만큼 잘 생겼다.

● 명사의 비교

우등 비교	plus de + 명사 + que
열등 비교	moins de + 명사 + que
동등 비교	autant de + 명사 + que

Il a plus de livres que moi. 그는 나보다 책이 많다.
Elle a autant d'amis que toi. 그녀는 너만큼 친구가 있다.

● 주의해야 할 형용사와 부사의 비교급

	원급	비교급
형용사	bon(ne)(s)	meilleur(e)(s)
부사	bien	mieux

Ce livre est meilleur que l'autre. 이 책은 다른 것보다 더 좋다.
Cette pomme est meilleure que l'autre. 이 사과는 다른 것보다 더 좋다.
Il parle mieux que moi. 그는 나보다 말을 더 잘한다.

B 최상급

● **최상급은 비교급 앞에 정관사를 붙여 만든다**

비교 대상은 전치사 **de**로 이끈다.

우등 최상급	le / la / les plus + 형용사 +de~ (~중에서)
	le plus + 부사 + de~ (~중에서)
열등 최상급	le / la / les moins + 형용사 + de~ (~중에서)
	le moins + 부사 + de~ (~중에서)

① 형용사 최상급은 수식하는 형용사의 성과 수에 따라 정관사를 일치시킨다.

Elle est la moins grande de sa classe. 그녀는 그녀의 반에서 가장 작다.
Il est le plus intelligent de la classe. 그는 반에서 가장 똑똑하다.

② 부사 최상급은 성·수에 따라 변화하지 않으므로 항상 정관사 le를 써서 최상급을 만든다.

Il court le plus vite de mes amis.   * courir 달리다
그는 내 친구들 가운데 가장 빨리 달린다.

Ce crayon est le moins court de mes crayons.   * court(e) 짧은
이 연필이 내 연필들 중 가장 짧다.

● **주의해야 할 형용사와 부사의 최상급**

	원급	최상급
형용사	bon	le(la / les) meilleur(e / (es))
부사	bien	le mieux

Elle est la meilleure élève de ma classe. 그녀는 나의(우리) 반에서 최고의 학생이다.
Tu chantes le mieux. 네가 가장 노래를 잘 부른다.

EXERCICES

1\. 다음 빈칸에 알맞은 비교급을 써보세요.

(1) Je suis _____ grand que Sylvie. 나는 실비보다 덜 크다.

(2) Il n'est pas _____ grand que Pierre. 그는 피에르만큼 크지 않다.

(3) Il aime _____ le cinéma que l'Opéra. 그는 오페라보다 영화를 더 좋아한다.

(4) Mon amie est _____ que moi. 내 친구가 나보다 낫다.

2\. 다음 빈칸에 알맞은 최상급을 써보세요.

(1) La rose est _____ _____ jolie des fleurs.
장미는 꽃들 중에서 가장 예쁘다.

(2) Tu parles _____ _____. 네가 가장 말을 잘한다.

(3) Tu marches _____ _____ vite de nous.
너는 우리들 중에서 가장 빨리 걷는다.

(4) Il est _____ _____ grand d'entre nous.
그는 우리들 중에 키가 제일 작다.

3\. 다음 문장을 프랑스어로 써보세요.

(1) 너는 가장 예쁘다.
▶ _____

(2) 피에르는 그의 반에서 일등이다.
▶ _____

(3) 너는 나보다 일을 더 잘한다.
▶ _____

(4) 여느 때처럼 그녀는 늦는다.   * être en retard 지각하다, 늦다
▶ _____

4. 녹음을 듣고 빈칸에 알맞은 말을 써보세요. 　　　　　　　　　🎧 MP3 **15-4**

   (1) Qu'est-ce que vous _____ ?

   (2) Je voudrais acheter du _____ et du _____ , s'il vous plaît.

   (3) Je vous _____ aussi ce vin rouge.

   (4) Il est moins cher que _____ .

5. 다음 문장을 프랑스어로 말해 보세요.

   (1) 포도가 맛이 좋은가요?
   ▶ _____

   (2) 포도주 1병 주세요.
   ▶ _____

   (3) 나는 너보다 키가 더 커.
   ▶ _____

   (4) 이 치즈는 다른 것보다 더 좋다.
   ▶ _____

   (5) 이 햄은 매우 맛있다.
   ▶ _____

생생 프랑스 정보

• 프랑스의 대중적인 치즈 맛보기 •

흔히 적포도주는 육류와 어울리고 백포도주는 어패류와 어울린다고 얘기한다. 치즈도 어울리는 포도주가 따로 있다. 치즈를 중심으로 식사를 할 때 포도주를 잘 선택하면 치즈 본래의 풍미를 더욱 느낄 수 있다. 카망베르와 브리는 적포도주와 어울리고 염소젖이나 양젖으로 만든 치즈는 백포도주와 마시면 잘 맞는다.

카망베르 camembert [까멍베흐]
카망베르 치즈의 겉 표면은 부드러운 하얀색으로 덮여 있는데 그 껍질을 자르면 크림색의 말랑한 속살이 드러난다. 향은 그리 강하지 않은 편으로 버섯향이 나는 고소한 맛이어서 누구나 즐겨 먹는 치즈이다. 카망베르라는 이름은 제2차 세계대전 때 상륙작전으로 유명한 노르망디 지방의 작은 마을 이름에서 따온 것이다.

브리 Brie [브히]
브리도 프랑스 사람들이 즐겨 먹는 치즈 중 하나이다. 카망베르보다 더 부드럽고 맛과 향도 더 옅은 편이다. 프랑스 혁명 당시 노르망디 카망베르로 피신 온 브리 지방의 사제가 제조법을 전수했다고 하는데, 그래서인지 맛, 향 그리고 모양까지도 카망베르와 아주 비슷하다.

한국 속 프랑스어

■ **에뛰드 하우스 ETUDE HOUSE**

ETUDE [에뛰드]는 프랑스어로 '공부'라는 뜻이다. 여기에 영어 house와 결합하여 화장품 브랜드로 사용하고 있다. ETUDE에서 u는 프랑스어로 [위]로 발음하기 때문에 '에뛰드'가 된 것이다.

Leçon 16

À la police

경찰서에서

학습 포인트
타국에서 위급한 상황이 발생하면 어떻게 해야 할까요? 당황하면 아는 말도 잘 생각이 나지 않습니다. 이번에는 위급 상황에서 자주 쓰는 표현을 배워 보겠습니다.

주요 문법
- 현재분사
- 제롱디프

AUDITION

이 과에서 배울 주요 표현을 미리 들어 보세요.

MP3 16-1

경찰서에서

A Calmez-vous, Monsieur. Quelle est votre nationalité ? 진정하세요, 당신의 국적이 뭐예요?

B Je suis coréen. 저는 한국인이에요.

A Quand est-ce que vous êtes arrivé en France ? 프랑스에 당신은 언제 도착했습니까?

B Je suis arrivé hier pour faire un voyage en France.
저는 프랑스를 여행하기 위해서 어제 도착했습니다.

A Qu'est-ce que vous avez perdu ? 무엇을 잃어버리셨나요?

B J'ai perdu mon passeport. 제 여권을 잃어버렸습니다.

A Vous devez remplir cette fiche. 당신은 이 신고서를 작성해야 합니다.

B Ah, oui. Merci bien. 아, 네. 매우 감사합니다.

새로운 단어 & 표현 VOCA

단어	품사/성	뜻	비고
calmer [깔메]		진정시키다	– 동사 변화 je calme / nous calmons tu calmes / vous calmez il/elle calme / ils/elles calment
fiche [피쉬]	n ⓕ	(자료, 정보) 카드, 전표	fiche médicale 진료 카드
hier [이에흐]	adv	어제	– 시간 표현 avant-hier 엊그제 / aujourd'hui 오늘 demain 내일 / après-demain 내일모레
nationalité [나씨오날리떼]	n ⓕ	국적	double nationalité 이중 국적
perdre [페흐드흐]		잃다	– 동사 변화 je perds / nous perdons tu perds / vous perdez il/elle perd / ils/elles perdent
porte-feuille [뽀흐뜨-페이으]	n ⓜ	지갑	porte-monnaie ⓜ 동전 지갑
remplir [헝쁠리흐]		채우다	– 동사 변화 je remplis / nous remplissons tu remplis / vous remplissez il/elle remplit / ils/elles remplissent
tout d'abord [뚜 다보흐]		우선, 무엇보다 먼저	– tout를 생략하고 쓰기도 한다. Moi d'abord, toi ensuite. 내가 먼저, 너는 다음에
visiter [비지떼]		방문하다	– 동사 변화 je visite / nous visitons tu visites / vous visitez il/elle visite / ils/elles visitent

CONVERSATION

À la police

Policière	Calmez-vous, Monsieur.
	Tout d'abord, je vais vous poser quelques questions.
	Quel est votre nom ? Quelle est votre nationalité ?
M. Lee	Je m'appelle Lee. Je suis coréen.
Policière	Et quand est-ce que vous êtes arrivé en France ?
	Enfin, pour quoi faire ?
M. Lee	Je suis arrivé hier pour faire un voyage en France.
Policière	Qu'est-ce que vous avez perdu ?
M. Lee	J'ai perdu mon passeport et mon porte-feuille en visitant le musée du Louvre.
Policière	D'accord. Vous devez remplir cette fiche.
M. Lee	Ah, oui. Merci bien.

경찰서에서

여자 경찰 [깔메-부, 무슈.]
진정하세요.
[뚜 다보흐, 쥬 베 부 뽀제 껠끄 께스띠옹.]
우선 저는 당신에게 몇 가지 질문을 할게요.
[껠 레 보트흐 농? 껠 레 보트흐 나씨오날리떼?]
당신의 성이 뭐예요? 당신의 국적이 뭐예요?

이씨 [쥬 마뻴 이. 쥬 쉬 꼬헤앙.]
제 이름의 성은 '김'입니다. 저는 한국인이에요.

여자 경찰 [에 껑 떼-스 끄 부 젯뜨 아히베 엉 프헝스?]
프랑스에 당신은 언제 도착했습니까?
[엉펭, 뿌흐 꾸아 페흐?]
끝으로 무엇을 하기 위해서요?

이씨 [쥬 쉬 자히베 이에흐 뿌흐 페흐 엉 부와이아쥬 엉 프헝스.]
저는 프랑스에서 여행하기 위해 어제 도착했어요.

여자 경찰 [께-스 끄 부자베 뻬흐뒤?]
무엇을 잃어버리셨나요?

이씨 [줴 뻬흐뒤 몽 빠스뽀흐 에 몽 뽀흐뜨-뻬이으 엉 비지떵 르 뮤제 뒤 루브흐.]
루브르 박물관을 관람하면서 제 여권과 지갑을 잃어버렸어요.

여자 경찰 [다꼬흐. 부 드베 헝쁠리흐 쎗뜨 피쉬.]
알겠습니다. 당신은 이 신고서를 작성해야만 합니다.

이씨 [아, 위. 메흐씨 비앙.]
아, 네. 매우 감사합니다.

어휘

| Au feu ! 불이야! | Attention ! 조심하세요! | Au secours ! 살려주세요! |
| Danger ! 위험해요! | Au voleur ! 도둑이야! | Vite ! 빨리! |

표현

Appelez vite un médecin(la police). 빨리 의사(경찰)을 불러 주세요.
Quel est le numéro des secours ? 긴급구조대는 몇 번입니까?
Allez chercher du secours ! 빨리 긴급구조대를 불러오세요!
Arrêtez cet homme. 이 사람을 잡으세요.

GRAMMAIRE

A 현재분사

주어 없이 분사절을 이루거나 명사를 수식하는 동사의 한 형태로 사용한다. 현재분사와 과거분사로 구분하는데, 여기서는 현재분사만 알아보겠다.

> 동사 1인칭 복수 현재형 -ons 제외한 부분 + ant

동사 원형	1인칭 복수 현재형	현재분사
aimer	nous aimons	aim**ant**
finir	nous finissons	finiss**ant**
prendre	nous prenons	pren**ant**
aller	nous allons	all**ant**
se lever	nous levons	se lev**ant**

참고 — 현재분사형 규칙에서 벗어나는 예외 동사는 따로 암기해 두자.

	동사 원형	현재분사
가지다	avoir	ayant
~이다, 있다	être	étant
알다	savoir	sachant

● 용법

① 동사적 용법

상황절을 대신하며, 현재분사는 반드시 주어에 연결된다. 원인이나 양보, 조건 등의 뜻을 갖는 경우 사용한다.

Finissant le devoir, il va se promener.   * se promener 산책하다
숙제를 마쳤기 때문에 그는 산책을 하러 간다.

Sachant son secret, il ne parle rien.   * secret ⑪ 비밀
그의 비밀을 알면서도 그는 아무 말도 하지 않는다.

Marchant plus vite, il arrivera à l'heure.   * à l'heure 정시에, marcher 걷다
좀 더 빨리 걷는다면 그는 정각에 도착할 것이다.

② 형용사적 용법

현재분사가 형용사처럼 명사를 수식하는 역할을 하는 경우이다. 항상 명사 뒤에 온다.

Tu vois ton ami entrant dans une boutique.
너는 상점으로 들어오는 네 친구를 본다.

Il parle aux étudiants écoutant avec attention.   * avec attention 주의 깊게
그는 주의 깊게 듣고 있는 학생들에게 말을 한다.

B 제롱디프

현재분사와 동일한 용법으로 사용된다.

> en + 현재분사

En regardant son visage, je parle avec elle. 그녀의 얼굴을 보면서 나는 (그녀와) 이야기를 한다.
En chantant une chanson, il danse. 노래를 부르면서 그는 춤을 춘다.

● 용법

제롱디프는 주어를 수식하는 것이 아니라 동사를 수식하여 부사적 역할을 한다. 주로 동시성이나 수단, 방법 등의 뜻으로 사용한다.

Vous écoutez votre fille en lisant le journal.
당신은 신문을 읽으면서 딸의 말을 듣습니다.

J'ai rencontré mon frère en revenant de l'école.   * rencontrer 만나다
나는 학교에서 돌아오는 동생을 만났다.

EXERCICES

1. 다음 동사의 현재분사와 제롱디프를 써보세요.

	현재분사	제롱디프
(1) arriver		
(2) choisir		
(3) aller		
(4) être		
(5) avoir		

2. 다음 동사를 제롱디프로 바꾸고 뜻을 써보세요.

   (1) Nous regardons un chat _____ _____. [manger]
   우리는 먹으면서 고양이를 본다.   * chat ⓜ 고양이

   (2) _____ _____ de la musique, tu travailles. [écouter]
   음악을 들으면서 너는 일한다.

   (3) Vous prenez le repas _____ _____ le journal. [lire]
   당신은 신문을 읽으면서 식사를 한다.   * repas ⓜ 식사

   (4) Elle est arrivée _____ _____. [courir]
   그녀는 달려서 도착했다.

3. 다음 문장을 프랑스어로 써보세요.

   (1) 빨리 경찰을 불러 주세요!
   ▶ _____

   (2) 루브르 박물관을 관람하면서 제 여권을 잃어버렸어요.
   ▶ _____

   (3) 저는 긴급구조대의 번호를 알고 싶습니다.
   ▶ _____

   (4) 일을 끝냈기 때문에 나는 쉰다.   * se reposer 쉬다
   ▶ _____

4. 녹음을 듣고 빈칸에 알맞은 말을 써보세요. 🔘 MP3 16-4

   (1) _____-vous, monsieur.

   (2) Qu'est-ce que vous avez _____ ?

   (3) J'ai perdu mon _____ et mon porte-feuille _____ _____ le musée du Louvre.

   (4) Vous devez _____ cette _____ .

5. 다음 질문에 알맞은 대답을 해보세요.

   (1) Q Qu'est-ce que je dois faire ?
       A _____ 이 신고서를 작성하시면 됩니다.

   (2) Q Quand êtes-vous arrivé(e) en France et pour quoi faire ?
       A _____
       저는 프랑스를 여행하기 위해 어제 저녁에 도착했어요.

   (3) Q Qu'est-ce que vous avez perdu ?
       A _____ 저는 지갑을 잃어버렸어요.

   (4) Q Pourquoi pleure-t-elle ?
       A _____ 그녀는 계단을 내려오면서 넘어졌어요.

생생 프랑스 정보

• 위급 상황 발생시 •

> 프랑스 한국 대사관 주소 :
> 125 rue de grenelle 75007
> 지하철 13호선 Varenne 역 근처

응급 상황이 발생했을 경우, 화재나 각종 사고는 18번, 응급 진료는 15번, 경찰이 필요하면 17번으로 전화하면 된다. 여권을 분실했을 때와 지갑을 잃어버렸을 때의 대처법은 알아 두면 도움이 된다.

여권 분실
여권을 분실했을 때는 필요 서류를 구비하여 긴급 여권을 발행 받아야 한다.
- 여권 사본 또는 사진이 있는 각종 신분증
- 여권용 사진: 지하철역이나 대형마트에 즉석사진기가 비치되어 있다. 이용료는 5유로인데, 잔돈은 받을 수 없으니 액수에 맞게 챙겨 가야 한다.
- 경찰 리포트(피해 신고 접수증): 가까운 경찰서에서 신고할 수 있다.

현금 분실
현금을 분실했을 때는 '신속 해외 송금 지원 제도'를 활용하면 아주 편리하다. 이것은 신청인이 재외공관에 송금 지원을 요청하면, 재외공관은 외교부를 통해 국내에 있는 신청자의 가족에게 돈을 받아 현지 화폐로 바꾸어 주는 제도이다.

한국 속 프랑스어

■ 마몽드 Ma monde
우리나라 화장품 브랜드 중에 '마몽드' 화장품이 있다. Ma monde의 ma[마]는 '나의'라는 여성 소유형용사이고, monde[몽드]는 '세계'라는 남성 명사이다. 그런데 남성 명사 앞에 여성 소유형용사가 붙었다. 뭔가 잘못된 것을 눈치챌 수 있다. 정확하게 표기하면 mon monde[몽 몽드]라고 해야 한다. 그런데 브랜드명을 정할 때 [몽 몽드]의 발음이 예쁘지 않아서 마몽드로 한 것 같다.

Leçon 17

À la poste

우체국에서

학습 포인트

요즘은 이메일, SNS 등 웹을 이용한 소통이 일반화되었지만, 여전히 아날로그 방식을 이용해야 할 때도 있죠? 우체국에 갔을 때의 상황을 통해 우편 관련 표현을 배워보겠습니다.

주요 문법
- 관계대명사 qui / que
- 관계대명사 dont / où
- 전치사 en

AUDITION

이 과에서 배울 주요 표현을 미리 들어 보세요.

MP3 17-1

우체국 이용하기

A Je voudrais envoyer ces colis en Corée, s'il vous piaît.
저는 한국으로 이 소포들을 보내고 싶은데요.

B D'accord. Un instant, s'il vous piaît.
알겠습니다. 잠시만요.

A C'est combien pour envoyer ces colis par avion ? 비행기로 이 소포들을 보내려면 얼마예요?

B Ça fait 20 euros au total.
전체 20유로입니다.

A En tarif normal ou en prioritaire ?
일반 우편이요 아니면 특급 우편이요?

B En tarif normal, s'il vous piaît.
일반 우편으로요.

A Vous avez une boîte ?
상자 있어요?

B Voilà.
여기 있습니다.

새로운 단어 & 표현 VOCA

단어	품사/성	뜻	비고
colis [꼴리]	n ⓜ	소포	colis postal 우편 소포
en prioritaire [엉 프히오히떼흐]		특급 우편	= chronopost 특급 우편
en tarif normal [엉 따히프 노흐말]		일반 우편	(lettre) recommandé 등기 우편
envoyer [엉브와이예]		보내다	– 1군 변칙동사 j'envoie / nous envoyons tu envoies / vous envoyez il/elle envoie / ils/elles envoient
étagère [에따줴흐]	n ⓕ	선반	
fragile [프라질]	adj	깨지기 쉬운	– 여성형: fragile C'est fragile ! 깨지기 쉬워요!
faire attention [페흐 아떵씨옹]		주의하다	Faites attention à ne pas tomber. 떨어지지 않도록 조심하세요.
paquet [빠께]	n ⓜ	소포, 짐	faire un paquet 짐을 싸다
par avion [빠흐 아비옹]		항공편으로	par bateau 배편으로
Un instant ! [어 넹스떵]		잠깐만요!	Attendez un instant. 잠깐만 기다리세요.

CONVERSATION

À la poste

Soumi	Bonjour !
	Je voudrais envoyer ces colis en Corée, s'il vous plaît.
	Et je voudrais avoir un petit paquet sur l'étagère, là-bas.
employé des postes	D'accord. Un instant, s'il vous plaît.
Soumi	Merci. C'est combien pour envoyer ces colis par avion ?
employé des postes	En tarif normal ou en prioritaire ?
Soumi	En tarif normal, s'il vous plaît.
employé des postes	Bon, ça fait 40 euros au total.
Soumi	C'est parfait. Ah, en fait, c'est fragile.
	Faites attention, s'il vous plaît.

우체국에서

수미 [봉쥬흐!]
안녕하세요!
[쥬 부드헤 엉브와이예 쎄 꼴리 엉 꼬헤, 씰 부 쁠레.]
저는 한국으로 이 소포들을 보내기를 원하는데요.
[에 주 부드헤 아부와흐 엉 쁘띠 빠께 쉬흐 레따줴흐, 라-바.]
그리고 선반 위에 있는 작은 상자를 원해요.

우체국 직원 [다꼬흐. 어 넹스떵, 씰 부 쁠레.]
알겠습니다. 잠시만요.

수미 [메흐씨. 쎄 꼼비앙 뿌흐 엉브와이예 쎄 꼴리 빠흐 아비옹?]
고맙습니다. 비행기로 이 소포들을 보내려면 얼마예요?

우체국 직원 [엉 따히프 노흐말 우 엉 프히오히떼흐?]
일반 우편이요 아니면 특급 우편이요?

수미 [엉 따히프 노흐말, 씰 부 쁠레.]
일반 우편으로요.

우체국 직원 [봉, 싸 페 꺄헝 으호 오 또딸.]
네, 전체 40유로입니다.

수미 [쎄 빠흐페. 아, 엉 펫뜨, 쎄 프라질.]
딱 좋아요. 아, 사실 이것은 깨질 수 있어요.
[펫뜨 자떵씨옹, 씰 부 쁠레.]
조심해 주세요.

해석

어휘&표현 플러스

■ 어휘

boite aux lettres ⓕ 우체통	facteur ⓜ 우체부	carte postale ⓕ 우편엽서
poids ⓜ 무게	courrier ⓜ 우편물	poste ⓕ 우체국
destinataire ⁽ⁿ⁾ 수신인, 수취인	timbre ⓜ 우표	expéditeur ⁽ⁿ⁾ 발신인, 발송인

■ 표현

Je voudrais envoyer cette lettre par courrier international.
이 편지를 국제 우편으로 보내고 싶어요.

J'aimerais envoyer cette lettre en recommandé.
등기로 이 편지를 붙이고 싶어요.

Je voudrais acheter une enveloppe.
편지 봉투를 사고 싶어요.

GRAMMAIRE

A 관계대명사 qui/que

관계대명사는 두 문장에 같은 단어가 있을 때, 한 문장을 주절로 하여 다른 문장을 연결하는데 사용된다. 이때 종속절은 같은 단어 바로 뒤에 오는데 이를 선행사라고 한다.

	주어	직접보어·속사
사람	qui	que(qu')
사물	qui	que(qu')

● 용법

① qui는 관계절에서 주어의 역할을 하며 선행사로 사람과 사물이 가능하다. qui 이하의 동사는 선행사의 인칭과 성·수에 일치시킨다.

  Tu parles avec une amie qui est française. 너는 프랑스 여자 친구와 말을 한다.
  Je te donne un mouchoir qui est bleu. 나는 너에게 파란 손수건을 준다.   * mouchoir ⑪ 손수건

② que는 관계절의 직접보어 또는 속사로서 사용되며 선행사로 사람과 사물이 가능하다. 선행사에 따르는 성·수는 변화하지 않는다. que 다음에 모음이나 무음 h가 오면 qu'가 된다.

  Elle est avec un garçon que je n'aime pas. 그녀는 내가 싫어하는 소년과 함께 있다.
  Nous prenons le dîner que ma mère a préparé.   * préparer 준비하다
  우리는 어머니가 준비한 저녁을 먹는다.

B 관계대명사 dont/où

● 용법

① dont은 〈de + 명사〉를 대신하는 관계대명사이며, 성·수 구분 없이 사람과 사물을 대신해서 쓸 수 있다. 명사, 형용사, 동사 보어가 다음과 같이 사용된다.

  J'ai acheté une jupe dont la couleur est très bien. 나는 매우 좋은 색깔의 치마를 샀다.
  → dont은 관계절 내에서 la couleur의 명사 보어로 사용된 de cette jupe를 대신한다.

  Je te donne un travail dont tu es content. 나는 너에게 만족스러운 일을 주겠다.
  → dont은 관계절 내에서 형용사 content의 형용사 보어로 사용된 de ce travail을 대신한다.

  Cet homme dont je parle porte un pantalon à la mode.
  내가 말하고 있는 이 남자는 유행하는 바지를 입고 있다.
  → dont은 관계절 내에서 동사 parle의 보어로 사용된 de cet homme를 대신한다.

② où는 관계절의 시간이나 장소의 상황 보어를 대신하는 관계대명사이며, 선행사가 시간·장소를 나타내는 명사나 부사일 때 쓸 수 있다.

   L'hiver est la saison où il neige beaucoup. 겨울은 눈이 많이 내리는 계절이다.
   → 선행사가 시간을 나타내는 명사 la saison 일 때

   Séoul est la ville où je suis né(e). 서울은 내가 태어난 도시이다.
   → 선행사가 장소를 나타내는 명사 la ville 일 때

ⓒ 전치사 en

전치사 en은 다양한 용도로 사용된다.

장소	Il est en Corée. 그는 한국에 있다.
재료	Le mur est en pierre. 벽은 돌로 만들어졌다.
수단·방법	Nous allons en avion. 우리는 비행기로 간다.
	Il paie en euros. 그는 유로화로 지급한다.
상태	Les roses sont en fleurs. 장미가 만개해 있다.
기간	Je peux le terminer en deux jours. 나는 이틀만에 그것을 끝낼 수 있다.
시간	Nous sommes en hiver. 지금은 겨울이다.

EXERCICES

1. 다음 빈칸에 알맞은 관계대명사를 써보세요.

    (1) Il a un fils _____ a 12 ans. * fils ⓜ 아들

    (2) Voilà une maison _____ je veux acheter.

    (3) J'ai une amie _____ parle bien coréen.

    (4) Vous portez les lunettes _____ je vous ai données.

    * porter les lunettes 안경을 끼고 있다

    (5) C'est en France _____ elle va.

2. 전치사 en에 주의하면서 뜻을 써보세요.

    (1) Elle est en France.   → _____

    (2) Il fait chaud en été.   → _____

    (3) Je vais voyager en voiture.   → _____

    (4) Ce livre est en papier.   → _____

3. 다음 문장을 프랑스어로 써보세요.

    (1) 저는 우표 10장 한 묶음과 편지봉투를 원해요.
        ▶ _____

    (2) 이 편지를 등기우편으로 보내 주세요.
        ▶ _____

    (3) 저는 이 소포들을 비행기로 보내고 싶어요.
        ▶ _____

    (4) 이 사람은 내가 싫어하는 피에르다.
        ▶ _____

4. 녹음을 듣고 빈칸에 알맞은 말을 써보세요. 　　　　　　　　　　　　　　🔘 MP3 **17-4**

   (1) Je voudrais _____ ces colis en Corée, s'il vous piaît.

   (2) C'est combien pour envoyer ces colis _____ _____ ?

   (3) En tarif _____ ou en _____ ?

   (4) C'est _____ .

5. 다음 문장을 프랑스어로 말해 보세요.

   (1) 저는 프랑스의 주요 기념물이 있는 우표들을 원해요.
   ▶ _____

   (2) 비행기로 이 편지를 보내면 얼마예요?
   ▶ _____

   (3) 언제 이 편지가 한국에 도착할까요?
   ▶ _____

   (4) 이것은 깨지기 쉬워요.
   ▶ _____

   (5) 저는 이 편지를 빠른 우편으로 보내고 싶어요.
   ▶ _____

생생 프랑스 정보

• 프랑스 우표 살펴보기 •

프랑스의 기본 우표는 마리안느 Marianne이다. 빨간색은 국내용이고, 보라색은 해외용이다. 마리안느는 프랑스를 의인화한 인물로 '자유, 평등, 박애'라는 말로 상징되는 프랑스의 가치를 나타낸다. 마리안느 동상은 관공서나 법원 등을 비롯해 프랑스 곳곳에서 볼 수 있고 유로화 동전에도 그려져 있다.

프랑스의 기본 우표 값은 한국보다 비싼 편이다. 한국은 기본이 300원인데, 프랑스는 0.68유로(약 1000원)이다.

	프랑스 → 프랑스	프랑스 → 외국	한국 → 한국	한국 → 프랑스
20g 기본	0.68유로 (약 1,000원)	1.25유로 (약 1,500원)	300원	800원 내외

한국 속 프랑스어

■ **쉐르빌 Cherevil**

우리나라 주거 형태 중 큰 비중을 차지하는 것은 아파트이다. 이 아파트 브랜드 중에 '쉐르빌'이라는 것이 있다. 프랑스어로 chère[쉐흐]는 '사랑하는'의 뜻이고, ville[빌]은 '도시'라는 뜻이어서, 두 단어를 합치면 '사랑하는 도시'라는 뜻이 된다. 그런데 아파트 브랜드명을 보면 ville의 철자가 좀 틀렸다. 또 원칙적으로 말하면 ville은 여성명사여서 여성형용사 chere도 악센트를 넣어서 chère로 표기해야 맞는 표기이다.

부록

- 연습문제 정답 & 듣기 Script
- 그림 단어장

연습문제

LEÇON 1

1. (1) **elle** (2) **il** (3) **ils** (4) **elles** (5) **il**
   참고 1, 2인칭은 사람만 대상이 되지만 3인칭은 사람, 사물 모두 쓸 수 있다.

2. (1) Il — Moi
   (2) Vous — Lui
   (3) Elles — Eux
   (4) Ils — Elles
   (5) Je — Vous

   (정답 매칭: Il–Lui, Vous–Vous, Elles–Elles, Ils–Eux, Je–Moi)

3. (1) **Allez-vous à Paris ?**
   (2) **Merci.**
   (3) **À bientôt !**
   (4) **Bonne journée !**
   (5) **Moi, je suis Anne.**

4. [MP3 **01-4**]
   (1) **Bonjour** ! Monsieur. 안녕하세요!
   (2) **Je vais** bien, merci. Et **vous** ?
       저는 잘 지내요. 고맙습니다. 당신은요?
   (3) Moi **aussi**, très bien. 저도 역시, 매우 잘 지내요.
   (4) **À bientôt !** **Bonne** **journée** !
       또 봐요! 좋은 하루 보내세요!
   (5) **Vous** aussi ! 당신도요!

5. (1) **Au revoir !**
   (2) **Merci.**
   (3) **Salut !**
   (4) **Bonjour !**
   (5) **Bonsoir !**

LEÇON 2

1. (1) Il **habite** à Paris. 그는 파리에 산다.
   (2) Vous **aimez** la pizza. 당신은 피자를 좋아한다.
   (3) Nous **travaillons** dans un magasin.
       우리는 가게에서 일한다.
   (4) Tu **regardes** la télé. 너는 텔레비전을 본다.

2.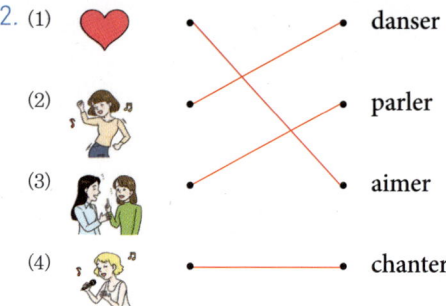
   (1) ♥ — aimer
   (2) — chanter
   (3) — parler
   (4) — danser

3. (1) **Vous ne dansez jamais.**
   (2) **Je n'habite plus à Séoul.**
   (3) **Ils parlent très bien coréen.**
   (4) **Elle parle un peu anglais.**

4. [MP3 **02-4**]
   (1) Tu es **chinois** ? 너는 중국인이니?
   (2) Merci beaucoup. Tu **es de** Paris ?
       많이 고마워. 너는 파리 출신이니?
   (3) **J'habite** à Lyon. Et toi ?
       나는 리옹에 살아. 너는?
   (4) **Moi aussi**, j'habite à Lyon.
       나도 그래, 나도 리옹에 살아.

5. (1) Q Tu parles français ? 너는 프랑스어를 말할 수 있니?
       A **Non, je ne parle pas français.**
           아니요, 저는 프랑스어를 말하지 못해요.
   (2) Q Où habitez–vous ? 당신은 어디 사세요?
       A **J'habite à Séoul.** 저는 서울에 살아요.
   (3) Q Vous êtes de Londres ? 당신은 런던 출신인가요?
       A **Oui, je suis de Londres.** 네, 저는 런던 출신이에요.
   (4) Q Vous êtes coréenne ? 당신은 한국인입니까?
       A **Oui, je suis coréenne.** 네, 저는 한국인(여)입니다.
   (5) Q Aimes-tu le cinéma ? 너는 영화를 좋아하니?
       A **Non, je n'aime pas le cinéma.**
           아니, 나는 영화를 좋아하지 않아.

Leçon 3

1. (1) Je **suis** Soumi. 내 이름은 수미야.
   (2) Elle **est** étudiante. 그녀는 학생이다.
   (3) Ils **sont** à Paris. 그들은 파리에 있다.
   (4) Nous **sommes** en France. 우리는 프랑스에 있다.
   (5) Vous **êtes** français. 당신은 프랑스인(남)이다.

2. (1) dentiste
   (2) chanteuse
   (3) boulangère
   (4) professeur
   (5) actrice
   (6) marchande

3. (1) Comment allez-vous ?
   (2) Où habites-tu ?
   (3) Quand parles-tu ?
   (4) Combien êtes-vous ?
   (5) Pourquoi ?

4. [MP3 **03-4**]
   (1) Salut ! **Enchanté(e)**. 안녕! 반가워.
   (2) Comment **t'appelles**-tu ? 너는 이름이 뭐야?
   (3) Je **suis** Sylvie. Et toi ? 내 이름은 실비야. 너는?
   (4) Tu es **étudiant** ? 너는 학생이니?
   (5) Oui, je suis étudiant. **Et toi** ?
   응, 나는 학생이야. 너는?

5. (1) Q **Où habitez-vous ?** 당신은 어디 사세요?
       A J'habite à Paris. 저는 파리에 살아요.
   (2) Q **Vous allez bien ?** 잘 지내세요?
       A Oui, je vais bien. Merci.
       네, 저는 잘 지내요. 고맙습니다.
   (3) Q **Vous êtes combien ?** 몇 명이세요?
       A Nous sommes trois. 우리는 3명이에요.
   (4) Q **Tu es professeur ?** 너는 선생님이니?
       A Oui, je suis professeur. 나는 선생님이야.
   (5) Q **Comment t'appelles-tu ?** 너는 이름이 뭐니?
       A Je m'appelle Soumi. 내 이름은 수미야.

Leçon 4

1. (1) **ma**   (2) **ton**   (3) **son**   (4) **nos**
   (5) **leurs**

2. (1) 20 — quinze
   (2) 15 — vingt
   (3) 12 — dix-huit
   (4) 18 — douze
   (5) 14 — quatorze

   (matched: 20–vingt, 15–quinze, 12–douze, 18–dix-huit, 14–quatorze)

3. (1) Quel âge as-tu ?
   (2) Bon anniversaire !
   (3) Quel est ton prénom ?
   (4) Quelle est votre profession ?
   (5) Tu vas étudier le français ?

4. [MP3 **04-4**]
   (1) C'est mon **anniversaire**. 내 생일이야.
   (2) Quel **âge** as-tu ? 너 몇 살이야?
   (3) **J'ai** 20 ans. 나는 스무 살이야.
   (4) Je vais **voyager** à Nice avec mes amis.
       나는 (내) 친구들과 함께 니스에 여행 갈 거야.
   (5) Wow ! **Super** ! 와! 멋지다!

5. (1) zéro un zéro-douze seize-onze vingt (전화번호)
   (2) seize. douze. dix-sept. quinze. vingt (숫자)
   (3) le treize mars deux mille dix-sept 2017년 3월 13일
   (4) Il est cinq heures trente. 5시 30분입니다.
   (5) J'ai dix-neuf ans. 나는 19살입니다.

Leçon 5

1. (1) J'ai **du** courage. 나는 용기가 있어요.
   (2) C'est **le** stylo de Pierre. 이것은 피에르의 펜이다.
   (3) Je mange **du** pain. 나는 빵을 먹는다.
   (4) Elle aime **le** café. 그녀는 커피를 좋아한다.
   (5) C'est **une** voiture. 이것은 자동차이다.

연습문제

2. (1) Sophie est heureuse. 소피는 행복하다.
   (2) Elle est active. 그녀는 활동적이다.
   (3) Elle est petite. 그녀는 키가 작다.
   (4) Aujourd'hui, tu es libre. 오늘 너는 자유롭다.
   (5) Elle est grande. 그녀는 키가 크다.

3. (1) Qui regardez-vous ?
       = Qui est-ce que vous regardez ?
   (2) Elle est mariée.
   (3) Le train vient d'arriver.
   (4) Il vient de partir.
   (5) Elle aime la fleur.

4. [MP3 05-4]
   (1) Qui est-ce ? 누구야?
   (2) Elle vient de rentrer de Séoul.
       그녀는 서울에서 막 돌아왔어
   (3) Elle est mariée ? 그녀는 결혼했니?
   (4) Elle est célibataire. 그녀는 미혼이야.
   (5) Elle a l'air très gentille.
       그녀는 아주 친절해 보이는데.

5. (1) Q Tu es marié(e) ? 너는 결혼했니?
       A Non, je ne suis pas marié(e).
         Je suis célibataire.
         아니, 나는 결혼하지 않았어 (미혼이야).
   (2) Q Elle est comment ? 그녀는 어때?
       A Elle est active et jolie.
         그녀는 활동적이고 예뻐.
   (3) Q Vous avez une voiture ?
         당신은 자동차를 가지고 있나요?
       A Oui, j'ai une voiture française.
         네, 저는 프랑스 자동차를 가지고 있어요.
   (4) Q Ta mère est grande ?
         너네 어머니는 키가 크니?
       A Non, elle est petite.
         아니, 그녀(엄마)는 키가 작아.
   (5) Q Qui est-ce ? 누구야?
       A C'est mon amie française.
         이 사람은 (내) 프랑스인 여자친구야.

Leçon 6

1. (1) te   (2) le   (3) la   (4) lui   (5) vous

2. (1) Que cherchez-vous ? 당신은 무엇을 찾으세요?
   (2) Je lui parle. 나는 그에게 말해.
   (3) Qu'est-ce que c'est ? 이것은 무엇입니까?
   (4) Avec quoi manges-tu ? 너는 무엇과 함께 먹니?
   (5) Je t'aime. 나는 너를 사랑해.

3. (1) J'ai un nouvel ordinateur.
   (2) Qu'est-ce que tu aimes ?
   (3) Elle est très belle et grande.
   (4) Il est vieux.
   (5) Tu es heureuse ?

4. [MP3 06-4]
   (1) Pas tellement. Et toi ? 별로 좋아하지 않아. 너는?
   (2) Qu'est-ce que tu aimes comme musique ?
       음악으로 너는 무엇을 좋아하는데?
   (3) Elle a une très belle voix.
       그녀는 너무 아름다운 목소리를 가졌어.
   (4) Ah bon ? Moi aussi. 정말? 나도 역시.
   (5) Elle est très jolie. 그녀는 매우 예뻐.

5. (1) Q Tu aimes le cinéma ?
         너는 영화를 좋아하니?
       A Oui, je l'aime. 응, 나는 그것을 좋아해.
   (2) Q Tu aimes la musique ?
         너는 음악을 좋아하니?
       A Pas tellement. 별로 좋아하지 않아.
   (3) Q Qu'est-ce que tu adores ?
         너는 무엇을 매우 좋아하니?
       A J'adore le sport. 나는 운동을 매우 좋아해.
   (4) Q Qu'est-ce qui est sur la table ?
         테이블 위에 무엇이 있어요?
       A Il y a trois livres et deux fleurs.
         책 3권과 꽃 2송이가 있어요.
   (5) Q À quoi penses-tu ? 너는 무엇을 생각하니?
       A Je pense à la Tour Eiffel et l'Arc de
         triomphe. 나는 에펠탑과 개선문에 대해 생각해.

Leçon 7

1. (1) un cafe **au** lait 밀크커피
   (2) Il parle **du** pain. 그는 빵에 대해 말한다.
   (3) Je vais **au** jardin. 나는 정원에 간다.
   (4) Je suis **à l'**école. 나는 학교에 있다.

2. (1) Q Tu fais de la natation ? 너는 수영을 하니?
      A Oui, j'**en** fais. 응, 나는 그것을 해.
   (2) Q Il est chez elle ? 그는 그녀의 집에 있니?
      A Non, il n'**y** est pas. 아니, 그는 거기에 있지 않아.
   (3) Q Tu vas à la gare ? 너는 역에 가니?
      A Oui, j'**y** vais. 응, 나는 거기에 가.
   (4) Q Combien d'enfants avez-vous ?
         당신은 몇 명의 아이가 있어요?
      A J'**en** ai deux. 2명 있어요.

3. (1) Je vais à Paris. 나는 파리에 간다.
      → J'**y vais.** 나는 그곳에 간다.
   (2) Elle rentre à la maison. 그녀는 집으로 돌아간다.
      → **Elle y rentre.** 그녀는 거기로 돌아간다.
   (3) Elles habitent dans cet appartement.
      그녀들은 이 아파트에 산다.
      → **Elles y habitent.** 그녀들은 거기에 산다.
   (4) Je prends du pain. 나는 빵을 먹는다.
      → **J'en prends.** 나는 그것을 먹는다.

4. [MP3 **07-4**]
   (1) Je vais **au** cinéma. 나는 영화관에 가.
   (2) **J'y** vais avec mon ami.
      나는 거기에 내 친구와 함께 가.
   (3) Je vais **au** supermarché pour acheter du pain. 나는 빵을 사기 위해 슈퍼마켓에 가.
   (4) Tu vas au cinéma **avec qui** ?
      너는 영화관에 누구와 함께 가니?

5. (1) Q **Tu vas où ?** 너는 어디 가니?
      A Je vais au cinéma. 나는 영화관에 가.
   (2) Q **Qu'est-ce qu'il mange ?** 그는 무엇을 먹니?
      A Il mange du pain. 그는 빵을 먹어.
   (3) Q **Tu manges de l'omelette ?** 너는 오믈렛을 먹니?
      A **J'en mange.** 나는 그것을 먹어.
   (4) Q **Vous allez à Paris ?** 당신은 파리에 가요?
      A Oui, j'y vais. 네, 저는 거기에 가요.

Leçon 8

1. (1) **Finissez le travail.** 일을 끝내세요.
   (2) **Téléphonons à notre professeur.**
      우리 선생님에게 전화하자.
   (3) **Ne fumez pas.** 담배 피우지 마세요.
   (4) **Ne pars pas.** 출발하지 마.

2. (1) Je veux envoyer cette lettre **en** Corée.
      저는 한국에 이 편지를 보내고 싶어요.
   (2) Il vient **de** France. 그는 프랑스 출신이다.
   (3) J'habite **au** Mexique. 나는 멕시코에 산다.
   (4) Tu es **aux** Etats-Unis. 너는 미국에 있다.

3. (1) **Combien d'enfants avez-vous ?**
   (2) **Elle étudie le français en France.**
   (3) **Vas-y !**
   (4) **Ne mangez pas trop.**

4. [MP3 **08-4**]
   (1) **Montrez**-moi votre passeport, s'il vous plaît.
      당신의 여권을 보여 주세요.
   (2) Je parle **un peu** français. 저는 프랑스어를 조금 해요.
   (3) Quel est **le but** de votre voyage ?
      당신의 여행 목적은 무엇입니까?
   (4) Vous voyagez pour **combien de temps** ?
      당신은 며칠 동안 여행할 것입니까?

5. (1) Q **Vous parlez chinois ?** 당신은 중국말을 합니까?
      A **Oui, je parle un peu chinois.**
         네, 저는 중국말을 조금 합니다.
   (2) Q Quel est le but de votre voyage ?
         당신의 여행 목적은 무엇입니까?
      A **C'est pour étudier.** 공부를 위해서요.

연습문제

(3) Q Vous travaillez le français combien de temps ? 당신은 프랑스어를 얼마나 공부했어요?
A Pendant deux ans. 2년 동안이요.
(4) Q Qu'est-ce que vous visitez pendant votre voyage ? 당신은 여행하는 동안 어디를 방문하나요?
A Je vais visiter le musée du Louvre. 저는 루브르 박물관을 방문할 거예요.

5. (1) Q Combien d'amis avez-vous ? 당신은 몇 명의 친구들이 있어요?
A J'ai trois amis en tout. 저는 전부 3명의 친구가 있어요.
(2) Q Vous avez quelque chose à manger ? 당신은 무엇을 먹나요?
A Non, rien. 아니요, 아무것도 먹지 않아요.
(3) Q Tu veux du café ? 너 커피 마실래?
A Non, merci. 아니, 고맙지만 사양할게.
(4) Q Vous avez besoin d'argent ? 당신은 돈이 필요해요?
A Oui, j'en ai besoin. 네, 저는 돈이 필요해요.

LEÇON 9

1. (1) J'invite quelques amis ce soir.
나는 오늘 저녁 몇 명의 친구들을 초대한다.
(2) Elle achète d'autres crayons.
그녀는 다른 연필들을 산다.
(3) J'ai quelque chose à faire. 나는 어떤 할 일을 가지고 있다.
(4) J'ai d'autres fleurs. 나는 다른 꽃들을 가지고 있다.

2. (1) Il fait froid. Nous ne pouvons pas nager.
날씨가 춥다. 우리는 수영을 할 수 없다.
(2) Vous savez conduire. 당신은 운전할 줄 안다.
(3) Elle doit finir son travail.
그녀는 (그녀의) 일을 끝내야만 한다.
(4) Je veux partir en France.
나는 프랑스로 떠나고 싶다.

3. (1) Il a mal à la tête.
(2) Je peux parler français.
(3) Vous avez quelque chose à manger ?
(4) Nous avons d'autres modèles.

4. [MP3 09-4]
(1) Combien de valises avez-vous ?
당신은 몇 개의 가방을 가지고 있나요?
(2) Vous avez quelque chose à déclarer ?
당신은 신고할 것이 있나요?
(3) Ouvrez votre sac, s'il vous plaît.
당신의 가방을 열어 주세요.
(4) Ce sont des cadeaux. 이것들은 선물입니다.

LEÇON 10

1. (1) Tu te brosses les dents. 너는 이를 닦는다.
(2) Elle s'habille dans la chambre.
그녀는 방 안에서 옷을 입는다.
(3) Nous nous lavons les mains. 우리는 손을 씻는다.
(4) Vous vous couchez à 9 heures. 당신은 9시에 잔다.

2. (1) Le chien est derrière la chaise.
개는 의자 뒤에 있다.
(2) Il est devant un livre. 그는 책 앞에 있다.
(3) Elles sont près de la poste.
그녀들은 우체국 근처에 있다.
(4) Je suis entre le chien et le chat.
나는 개와 고양이 사이에 있어요.

3. (1) Passez devant la poste.
(2) Je me lève à six heures.
(3) C'est loin d'ici ?
(4) Tournez à droite.

4. [MP3 10-4]
(1) Où se trouve la poste ? 어디에 우체국이 있나요?
(2) Vous allez tout droit. 곧장 가세요.
(3) Vous passez devant la place.
큰 광장 앞을 지나세요.
(4) Vous tournez à gauche. 왼쪽으로 돌으세요.

5. (1) Vous devez tourner à droite après le feu.
   (2) Il faut traverser la place.
   (3) Ensuite, vous allez jusqu'au carrefour.
   (4) Elle est juste à côté de la poste.
   (5) Il y a une banque près d'ici ?

LEÇON 11

1. (1) Elle prendra l'avion pour Paris.
   그녀는 파리행 비행기를 탈 것이다.
   (2) Il aura un bon gâteau.
   그는 맛있는 케이크를 가질 것이다.
   (3) Tu iras à l'école. 너는 학교에 갈 것이다.
   (4) Nous reviendrons à la maison à 5 heures.
   우리는 5시에 집으로 되돌아올 것이다.

2. (1) Toute la journée, je reste dans ma chambre.
   하루 종일 나는 내 방 안에 있다.
   (2) Tous les dimanches, elle va au parc.
   일요일마다 그녀는 공원에 간다.
   (3) Tout va bien. 모든 것이 잘되고 있다.
   (4) Toutes les filles chantent bien.
   모든 소녀들이 노래한다.

3. (1) Je partirai avant minuit.
   (2) Tous les jours, j'étudie le français.
   (3) Je souhaite réserver deux places dans le train.
   (4) Ils arrivent tous à cinq heures.

4. [MP3 **11-4**]
   (1) Je souhaite réserver deux places dans le TGV pour Lyon.
   저는 리옹으로 가는 TGV 두 자리를 예약하고 싶습니다.
   (2) Je partirai le 16 Janvier.
   저는 1월 16일 출발할 것입니다.
   (3) Vous avez un TGV toutes les trente minutes.
   매시간 30분마다 TGV가 있어요.
   (4) Alors, ça fait 200 euros.
   그러면 전체 200유로예요.

5. (1) Q Quand part le prochain train ?
   다음 기차는 언제 출발해요?
   A Le train va partir vers sept heures.
   기차는 곧 7시쯤에 출발할 거예요.
   (2) Q Où est le guichet des billets ?
   매표소가 어디 있어요?
   A Vous allez tout droit. 곧장 가세요.
   (3) Q À quelle heure voulez-vous partir ?
   몇 시에 출발하기를 원하세요?
   A Je préfère partir vers neuf heures.
   저는 9시쯤에 출발하는 것을 선호해요.
   (4) Q Y a-t-il un wagon-restaurant ?
   식당 칸이 있나요?
   A Oui, c'est le prochain wagon.
   네, 다음 칸에 있어요.
   (5) Q Un aller-simple ou un aller-retour ?
   편도인가요 아니면 왕복인가요?
   A Un aller-retour pour Paris, s'il vous plaît.
   파리행을 위한 왕복으로 주세요.

LEÇON 12

1. (1) J'étais en retard. 나는 늦었었다.
   (2) Nous allions à la poste.
   우리는 우체국에 갔었다.
   (3) Il y avait beaucoup de personnes.
   많은 사람들이 있었다.
   (4) Vous finissiez votre repas.
   당신은 (자신의) 식사를 끝냈었다.

2. (1) Cet homme est petit. 이 남자는 작다.
   (2) Ce matin, je fais du sport. 오늘 아침 나는 운동을 한다.
   (3) Ces fleurs sont belles. 이 꽃들은 예쁘다.
   (4) J'ai rendez-vous ce soir. 나는 오늘 저녁에 약속이 있다.

3. (1) Elle aimait cet homme.
   (2) Nous préférons ce café.
   (3) Quel est le plat du jour ?
   (4) J'allais à l'église tous les dimanches.

연습문제

4. [MP3 **12-4**]
   (1) Quel est le plat du jour ? 오늘의 요리가 무엇인가요?
   (2) À point s'il vous plaît. 적당히 익혀 주세요.
   (3) Votre viande était bonne ? 고기가 맛있으셨어요?
   (4) C'était vraiment délicieux. 정말 맛있었어요.

5. (1) Q Comment voulez-vous votre viande ?
          고기를 어떻게 해 드릴까요?
       A Bien cuite, s'il vous plaît. 잘 익혀 주세요.
   (2) Q Qu'est-ce que tu fais ce soir ?
          오늘 저녁 너는 뭐하니?
       A Je vais aller au restaurant.
          나는 레스토랑에 갈 거야.
   (3) Q Est-ce qu'il y a un bon restaurant près d'ici ? 이 근처에 좋은 레스토랑이 있습니까?
       A Pardon, je ne sais pas. 미안해요, 모르겠어요.
   (4) Q C'était comment, votre viande ?
          고기 어땠어요?
       A C'était délicieux. 맛있었어요.
   (5) Q Qu'est-ce que vous voulez comme boisson ? 음료수는 무엇을 원하세요?
       A Un coca, s'il vous plaît. 콜라로 주세요.

LEÇON 13

1. (1) Nous arriverions à Lyon plus tard.
       우리는 나중에 리옹에 도착할 것이다.
   (2) Tu aurais une très bonne note.
       너는 좋은 점수 받기를 바란다.
   (3) Pourriez-vous répéter ? 반복해 주시겠어요?
   (4) Nous voudrions acheter une maison.
       우리는 집을 샀으면 한다.

2. (1) Si vous me donniez votre numéro, je vous appellerais plus tard.
       당신이 나에게 당신의 번호를 주었다면 나는 당신에게 나중에 전화했을 텐데.
   (2) S'ils avaient du temps, ils passeraient chez toi. 만약 그들이 시간이 있다면 그들은 너의 집에 들렸을 텐데.

   (3) Si j'étais libre, j'irais au cinéma avec toi.
       만약 내가 자유로웠다면 나는 너와 함께 영화관에 갔을 텐데.
   (4) Si nous étions en France, nous visiterions le musée du Louvre.
       만약 우리가 프랑스에 있다면 우리는 루브르 박물관을 방문했을 텐데.

3. (1) Je voudrais une chambre pour ce soir.
   (2) Je vous dois combien ?
   (3) Je voudrais parler à M. Bruno, s'il vous plaît.
   (4) Est-ce qu'il y a la télévision dans la chambre ?

4. [MP3 **13-4**]
   (1) Je voudrais une chambre pour deux personnes avec salle de bain.
       저는 두 사람이 묵을 욕조가 있는 방 하나를 원해요.
   (2) Le petit-déjeuner est compris ?
       아침 식사는 포함되나요?
   (3) Notre restaurant est ouvert jusqu'à 10 heures.
       우리 음식점은 10시 30분에 열어요.
   (4) D'accord. 알겠습니다.

5. (1) Q Vous avez une chambre pour ce soir ?
          오늘 저녁에 묵을 방 있나요?
       A Pardon, l'hôtel est complet.
          미안합니다, 호텔이 만원입니다.
   (2) Q Est-ce qu'il y a un garage dans cet hôtel ?
          호텔에 차고가 있나요?
       A Non, il y a pas de garage ici.
          아니요, 여기에는 차고가 없어요.
   (3) Q Quand puis-je prendre le petit-déjeuner ?
          아침 식사는 언제 할 수 있어요?
       A De sept heures à dix heures.
          7시부터 10시까지입니다.
   (4) Q C'est combien pour une nuit ?
          하루에 얼마예요?
       A Ça fait 150 euros par jour.
          하루에 150유로입니다.
   (5) Q Je voudrais une chambre pour trois personnes avec salle de bain ?
          저는 욕조가 있는 세 사람을 위한 방을 원해요.
       A Pas de problème. 문제없어요.

Leçon 14

1. (1) sorti(e)
   (2) été
   (3) venu(e)
   (4) eu

2. (1) M. et Mme Dubois ont eu des chiens.
   뒤부아 부부는 강아지들을 키웠었다.
   (2) Tu es venu(e) chez moi. 너는 나의 집에 왔었다.
   (3) Je suis allé(e) à l'hôpital. 나는 병원에 갔었다.
   (4) Nous avons attendu quelques minutes.
   우리는 몇 분을 기다렸었다.
   (5) Elle a choisi cette robe. 그녀는 이 원피스를 골랐다.
   (6) Il est parti en vacances. 그는 바캉스를 떠났다.

3. (1) Je suis sorti(e) à huit heures.
   (2) Je voudrais vous demander quelque chose.
   (3) Est-ce que je peux l'échanger ?
   (4) Tout à fait d'accord !

4. [MP3 14-4]
   (1) Je voudrais vous demander quelque chose.
   저는 당신에게 부탁이 있는데요.
   (2) Vous faites quelle taille ? 사이즈가 어떻게 되세요?
   (3) Je ne sais pas exactement. Mais je voudrais quelque chose de plus petit.
   정확히 모르겠어요. 그런데 좀 더 작은 것을 원해요.
   (4) Est-ce que je peux l'échanger ?
   바꾸어 주실 수 있나요?

5. (1) Q Elle est arrivée quand ?
   그녀는 언제 도착했어요?
   A Elle est arrivée à neuf heures.
   그녀는 9시에 도착했어요.
   (2) Q Qu'est-ce que tu as fait hier soir ?
   어제 저녁 무엇을 했니?
   A Je suis allé(e) au cinéma.
   나는 영화관에 갔었어.

   (3) Q Quelle taille faites-vous ?
   사이즈가 어떻게 되세요?
   A Je fais du 38. 제 사이즈는 38이에요.
   (4) Q Avez-vous le ticket de caisse ?
   영수증 가지고 계세요?
   A Oui, tenez. 네, 여기 있어요.
   (5) Q Faites-moi voir d'autres couleurs.
   다른 색깔을 보여 주세요.
   A Je vais vérifier. 확인해 볼게요.

Leçon 15

1. (1) Je suis moins grand que Sylvie.
   나는 실비보다 덜 크다.
   (2) Il n'est pas si grand que Pierre.
   그는 피에르만큼 크지 않다.
   (3) Il aime mieux le cinéma que l'Opéra.
   그는 오페라보다 영화를 더 좋아한다.
   (4) Mon amie est meilleure que moi.
   내 친구가 나보다 낫다.

2. (1) La rose est la plus jolie des fleurs.
   장미는 꽃들 중에서 가장 예쁘다.
   (2) Tu parles le mieux. 네가 가장 말을 잘한다.
   (3) Tu marches le plus vite de nous.
   너는 우리들 중에서 가장 빨리 걷는다.
   (4) Il est le moins grand d'entre nous.
   그는 우리들 중에 키가 제일 작다.

3. (1) Tu es la plus belle.
   (2) Pierre est le meilleur de sa classe.
   (3) Tu travailles mieux que moi.
   (4) Comme d'habitude, elle est en retard.

4. [MP3 15-4]
   (1) Qu'est-ce que vous désirez ? 무엇을 도와드릴까요?
   (2) Je voudrais acheter du fromage et du vin, s'il vous plaît. 저는 치즈와 포도주를 사고 싶어요.

연습문제

(3) **Je vous recommande** aussi ce vin rouge.
저는 당신에게 이 적포도주를 추천해요.

(4) Il est moins cher que **d'habitude**.
평소보다 덜 비싸요.

5. (1) Les raisins sont-ils bons ?
(2) Je voudrais une bouteille de vin, s'il vous plaît.
(3) Je suis plus grand que toi.
(4) Ce fromage est meilleur que l'autre.
(5) Ce jambon est très bon.

4. [MP3 **16-4**]
(1) **Calmez**-vous, Monsieur. 진정하세요.
(2) Qu'est-ce que vous avez **perdu** ?
무엇을 잃어버리셨나요?
(3) J'ai perdu mon **passeport** et mon porte-feuille **en visitant** le musée du Louvre.
루브르 박물관을 관람하면서 제 여권과 지갑을 잃어버렸어요.
(4) Vous devez **remplir** cette **fiche**.
당신은 이 신고서를 작성해야 합니다.

5. (1) Q Qu'est-ce que je dois faire ?
내가 무엇을 하면 될까요?
A Vous devez remplir cette fiche.
이 신고서를 작성하시면 됩니다.
(2) Q Quand êtes-vous arrivé(e) en France et pour quoi faire ?
당신은 언제 그리고 무엇을 하기 위해 왔나요?
A Je suis arrivé(e) hier soir pour faire un voyage en France.
저는 프랑스를 여행하기 위해 어제 저녁에 도착했어요.
(3) Q Qu'est-ce que vous avez perdu ?
당신은 무엇을 잃어버렸나요?
A J'ai perdu mon porte-feuille.
저는 지갑을 잃어버렸어요.
(4) Q Pourquoi pleure-t-elle ?
그녀는 왜 우니?
A Elle est tombée en descendant les escaliers.
그녀는 계단을 내려오면서 넘어졌어요.

Leçon 16

1.

	현재분사	제롱디프
(1) arriver	arrivant	en arrivant
(2) choisir	choisissant	en choisissant
(3) aller	allant	en allant
(4) être	étant	en étant
(5) avoir	ayant	en ayant

2. (1) Nous regardons un chat **en mangeant**.
우리는 먹으면서 고양이를 본다.
(2) **En écoutant** de la musique, tu travailles.
음악을 들으면서 너는 일한다.
(3) Vous prenez le repas **en lisant** le journal.
신문을 읽으면서 당신은 식사를 한다.
(4) Elle est arrivée **en courant**.
그녀는 달려서 도착했다.

3. (1) Appelez vite la police !
(2) J'ai perdu mon passeport en visitant le musée du Louvre.
(3) Je voudrais connaître le numéro des secours.
(4) Finissant le travail, je me repose.

Leçon 17

1. (1) Il a un fils **qui** a 12 ans.
그는 12살 된 아들이 있다.
(2) Voilà une maison **que** je veux acheter.
저기에 내가 사고 싶은 집이 있다.
(3) J'ai une amie **qui** parle bien coréen.
나는 한국어를 잘하는 친구(여)가 있다.

(4) Vous portez les lunettes que je vous ai données.
당신은 내가 당신에게 주었던 안경을 끼고 있다.

(5) C'est en France où elle va.
그녀가 가는 곳은 바로 프랑스이다.

2. (1) 그녀는 프랑스에 있다.

   (2) 여름에는 덥다.

   (3) 나는 차로 여행한다.

   (4) 이 책은 종이로 만들어졌다.

3. (1) Je voudrais un carnet de timbres et une enveloppe.

   (2) J'aimerais envoyer cette lettre en recommandé.

   (3) Je voudrais envoyer ces colis par avion.

   (4) C'est Pierre que je déteste.

4. [MP3 17-4]

   (1) Je voudrais envoyer ces colis en Corée, s'il vous plaît.
   저는 한국으로 이 소포들을 보내고 싶은데요.

   (2) C'est combien pour envoyer ces colis par avion ?
   비행기로 이 소포들을 보내려면 얼마예요?

   (3) En tarif normal ou en prioritaire ?
   일반 우편이요 아니면 특급 우편이요?

   (4) C'est parfait. 딱 좋아요.

5. (1) Je voudrais des timbres qui représentent les principaux monuments de France.

   (2) C'est combien pour envoyer cette lettre par avion ?

   (3) Quand est-ce que cette lettre arrivera en Corée ?

   (4) C'est fragile.

   (5) Je voudrais envoyer cette lettre en prioritaire.

그림 단어장

가족 Famille [파미으]

우리 가족

grand-père [그헝-뻬흐] ⓜ 할아버지

grand-mère [그헝-메흐] ⓕ 할머니

père [뻬흐] ⓜ 아버지

mère [메흐] ⓕ 어머니

frère [프헤흐] ⓜ 형, 오빠, 남동생

sœur [쐬흐] ⓕ 누나, 언니, 여동생

가족 Famille [파미으]

친척

oncle [옹끌르] ⓜ 삼촌

tante [떵뜨] ⓕ 이모, 고모, 숙모

cousin [꾸쟁] ⓜ 남자 사촌

cousine [꾸진느] ⓕ 여자 사촌

neveu [느브] ⓜ 남자 조카

nièce [니에쓰] ⓕ 여자 조카

그림 단어장

계절과 요일 Saisons et Jour de la semaine [쎄종 에 쥬흐 드 라 스멘느]

계절

le printemps [르 프렝떵] 봄

l'été [레떼] 여름

l'automne [로똔느] 가을

l'hiver [리베흐] 겨울

참고 – 계절 앞에는 정관사 le를 붙이며, 계절명은 모두 남성형이다.

요일

월요일	화요일	수요일	목요일	금요일	토요일	일요일
Lundi [렁디]	Mardi [마흐디]	Mercredi [메크흐디]	Jeudi [쥬디]	Vendredi [벙드흐디]	Samedi [쌈디]	Dimanche [디멍쉬]

참고 – 요일 앞에는 관사를 붙이지 않지만, 정관사 le를 붙이면 '~마다'의 뜻이 된다.

1~12월 Janvier ~ Décembre [졍비에 ~ 데썽브흐]

janvier
[졍비에]

février
[페브히에]

mars
[마흐쓰]

avril
[아브힐]

mai
[메]

juin
[쥬엥]

juillet
[쥬이에]

août
[우뜨]

septembre
[쎕떵브흐]

octobre
[옥또브흐]

novembre
[노벙브흐]

décembre
[데썽브흐]

그림 단어장

스포츠 Sport [스포흐]

base-ball [바즈볼] ⓜ 야구
basketball [바스껫볼] ⓜ 농구
bowling [볼링그] ⓜ 볼링
foot [풋] ⓜ 축구
golf [골프] ⓜ 골프
handball [엉드발] ⓜ 핸드볼
judo [쥐도] ⓜ 유도
natation [나따씨옹] ⓕ 수영
ping-pong [뼁뽕] ⓜ 탁구
ski [스키] ⓜ 스키
tennis [떼니스] ⓜ 테니스
volleyball [볼레볼] ⓜ 배구

의류와 신발 Vêtements et Chaussures [베뜨멍 에 쏘쉬흐]

chaussures de sport [쏘쉬흐 드 스포흐] ⓕ (pl) 운동화
chemise [슈미즈] ⓕ 셔츠
costume [꼬스뜀므] ⓜ 양복, 정장
gilet [질레] ⓜ 조끼
jean [진] ⓜ 청바지
jupe [쥐쁘] ⓕ 치마
manteau [망또] ⓜ 코트

pantalon [빵딸롱] ⓜ 긴 바지
pull [쀨] ⓜ 스웨터
robe [호브] ⓕ 원피스
soulier [쑤리에] ⓜ 구두
veste [베스뜨] ⓕ 재킷

그림 단어장

국가와 언어 État et Langue [에따 에 렁그]

 Corée [꼬헤] ⓕ 한국
le coréen [르 꼬헤엥] 한국어

 France [프헝스] ⓕ 프랑스
le français [르 프헝쎄] 프랑스어

 Allemagne [알마니으] ⓕ 독일
l'allemand [랄르멍] 독일어

 Angleterre [엉글레떼흐] ⓕ 영국
l'anglais [렁글레] 영어

 Chine [쉰느] ⓕ 중국
le chinois [르 쉬누와] 중국어

 Espagne [에스파니으] ⓕ 스페인
l'espagnol [레스빠뇰] 스페인어

 États-Unis [에따쥬니] ⓜ (pl) 미국
l'anglais [렁글레] 영어

 Italie [이딸리] ⓕ 이탈리아
l'Italien [리딸리엥] 이탈리아어

 Japon [자뽕] ⓜ 일본
le japonais [르 쟈뽀네] 일본어

 Mexique [멕씨끄] ⓜ 멕시코
le mexicain [르 멕씨껭] 멕시코어

 Russie [휘씨] ⓕ 러시아
le russe [르 휘쓰] 러시아어

 Suisse [쉬쓰] ⓕ 스위스
le suisse [르 쉬쓰] 스위스어

> 참고 — 국가명 첫 글자는 대문자로 쓴다.

식기류 Vaisselle [베쎌]

assiette [아씨에뜨] ⓕ 접시
table [따블르] ⓕ 식탁
tasse [따스] ⓕ 찻잔
fourchette [푸흐쉐뜨] ⓕ 포크
couteau [꾸또] ⓜ 나이프
cuillère [뀌이에흐] ⓕ 숟가락

cuillère à café [뀌이에흐 아 까페] ⓕ 찻숟가락
plateau [쁠라또] ⓜ 쟁반
verre [베흐] ⓜ 잔
carafe d'eau [까하프 도] ⓕ 물병
tire-bouchon [띠흐-부숑] ⓜ 와인 오프너

그림 단어장

과일과 채소 Fruits et Légumes [프휘 에 레귐므]

pomme [뽐므] ⓕ 사과

raisin [헤젱] ⓜ 포도

banane [바난느] ⓕ 바나나

orange [오헝쥬] ⓕ 오렌지

poire [뿌와흐] ⓕ 배

fraise [프헤즈] ⓕ 딸기

oignon [오뇽] ⓜ 양파

concombre [꽁꽁브흐] ⓜ 오이

pomme de terre [뽐 드 떼흐] ⓕ 감자

carotte [꺄호뜨] ⓕ 당근

laitue [레뛰] ⓕ 상추

courgette [꾸흐제뜨] ⓕ 호박

생선 Poisson [뿌와쏭]

thon [똥] ⓜ 참치

coquillage [꼬끼야쥬] ⓜ 조개

huître [위트흐] ⓕ 굴

crabe [크합] ⓜ 게

homard [오마흐] ⓜ 바닷가재

crevette [크흐베뜨] ⓕ 새우

coquillage Saint-Jacques
[꼬끼야쥬 쌩-쟈끄] ⓜ 가리비

calmar [꺌마흐] ⓜ 오징어

poulpe [뿔쁘] ⓜ 문어

maquereau [마크호] ⓜ 고등어

그림 단어장

여가 Loisirs [루와지흐]

lire un livre [리흐 엉 리브흐] 책을 읽다

écouter de la musique [에꾸떼 드 라 뮤지끄] 음악을 듣다

voir un film [부아 엉 필므] 영화를 보다

jouer du piano [쥬에 뒤 삐아노] 피아노를 연주하다

jouer aux cartes [쥬에 오 꺄흐뜨] 카드 놀이를 하다

faire du théâtre [페흐 뒤 떼아트흐] 연극을 하다

faire de la peinture [페흐 드 라 뼁뛰흐] 그림을 그리다

faire du jardinage [페흐 뒤 쟈흐디나쥬] 정원을 가꾸다

faire du bricolage [페흐 뒤 브히꼴라쥬] 취미로 목공일을 하다

faire du sport [페흐 뒤 스포흐] 운동하다

faire la cuisine [페흐 라 뀌진느] 요리하다

faire de la photo [페흐 드 라 뽀또] 사진을 찍다

신체 Corps [꼬흐]

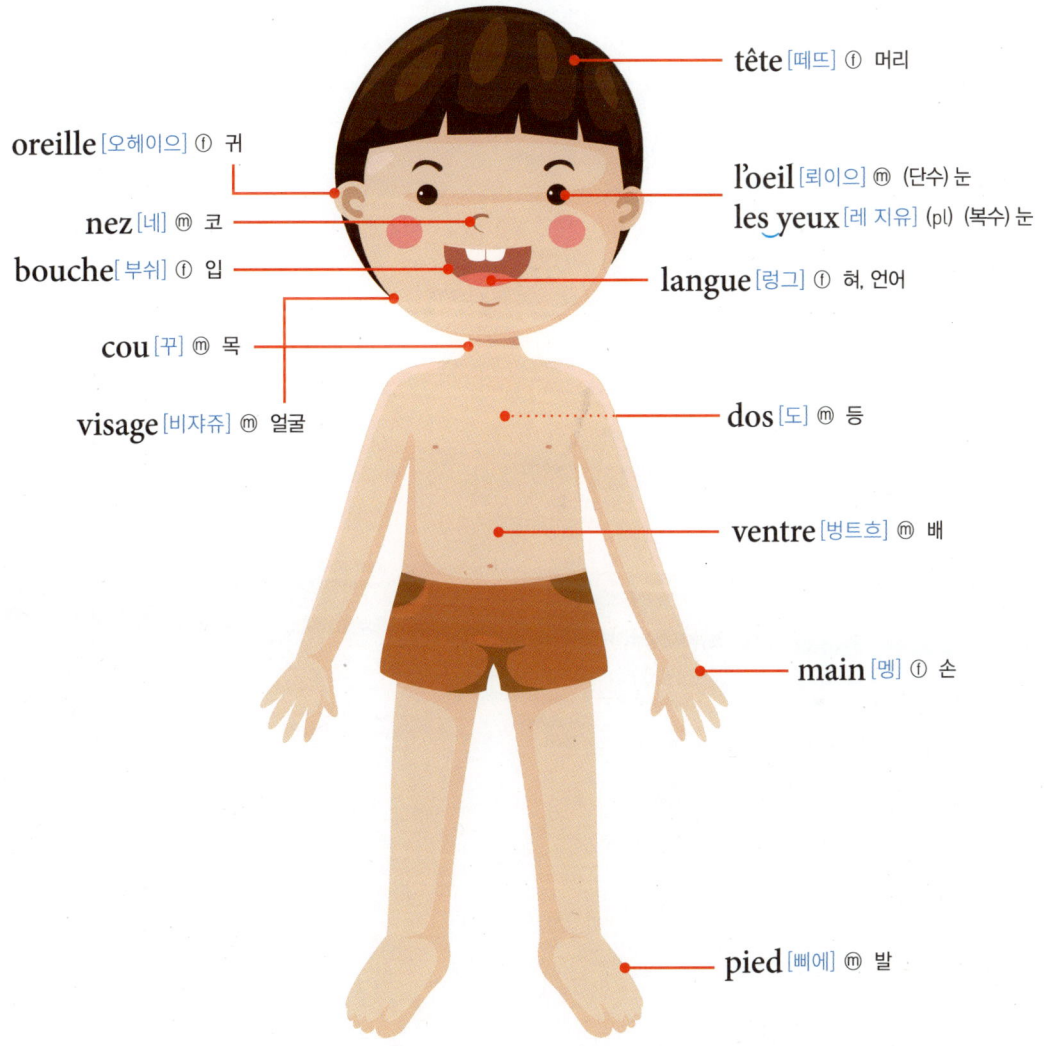